《美丽北京》丛书主编 朱世龙

美丽北京之魅力乡村

李梅 高畅 编著

中国农业出版社

图书在版编目（CIP）数据

美丽北京之魅力乡村/李梅，高畅编著. —北京：中国农业出版社，2015.5
ISBN 978-7-109-20411-9

Ⅰ. ①美… Ⅱ. ①李… ②高… Ⅲ. ①农村－社会主义建设－北京市 Ⅳ. ①F327.1

中国版本图书馆CIP数据核字（2015）第090082号

中国农业出版社出版
（北京市朝阳区麦子店街18号楼）
（邮政编码100125）
责任编辑 姚 红

中国农业出版社印刷厂印刷 新华书店北京发行所发行
2015年6月第1版 2015年6月北京第1次印刷

开本：700mm × 1000mm 1/16 印张：6
字数：80 千字
定价：45.00 元

《美丽北京》丛书
编辑委员会

序

天蓝、地绿、水净、人和的美好家园，是每一个人的梦想，而每一个人的一言一行也在描绘着这美丽和谐的天地画卷。“最是一年春好处，绝胜烟柳满皇都”。让我们迈开脚步，开启美丽北京之旅，去感受首都发展变化的点点滴滴，分享美丽北京建设的成就。

山清水秀之自然美，人面桃花之和谐美，瓜果飘香之甜蜜美，火树银花之绚烂美，从城市到乡村，从自然到人文，从科技到产业，美丽伴随你我。撰写《美丽北京》系列丛书，希望从魅力乡村、生态文明、文化遗产、科技成就、山川田园等多方面来展示美丽北京建设呈现出来的魅力，发现身边之美，激起人们对美的向往与追求。

本研究团队是由北京市科学技术委员会和北京市科学技术情报研究所的研究人员组成，研究团队围绕科技北京、人文北京、绿色北京建设进行了大量研究，本书的编撰是研究团队近年来研究成果的科普化展示。

本丛书的编写过程中，我们走访城镇乡村进

行调研，获得了许多基础数据资料，其中北京市延庆县珍珠泉乡林业站、房山区韩村河镇林业站、密云县蔡家洼村等单位的同志分享的大量精美图片，李鹏、王彩霞、乔颖、范文静等朋友提供的多年积累的照片都为本书增色不少。尹传红老师、赵颖华老师对全书的构思及修改提出了宝贵意见，李鹏老师提供了宝贵的案例并进行了大量文字润色，大大增强了本书的趣味性和生动性。还有其他国内外学者的前期研究成果也为本书提供了宝贵的数据和资料。对此，我们对上述单位和人员致以诚挚的谢意！

本丛书出版得到了北京市科学技术研究院科普大行动项目的资助。对此，团队深表感谢。

在本丛书即将出版之际，再次对所有关心北京建设，为本书写作提供各种资料，以及给予各种帮助和支持的各位专家同仁表示感谢。同时本丛书开启的美丽北京之旅还将继续前行，也诚挚邀请各位朋友加入，为我们提供案例及建议，让我们携起手来，共同来谱写一幅幅更加美丽的画卷。

编　者

2015年4月

前 言

在我国幅员辽阔的土地上，星罗棋布地散落着不计其数的乡村。丰富多彩的乡村风俗民情、各具特色的乡村自然风光、充满情趣的乡土文化艺术、风格迥异的乡村民居建筑和富有特色的乡村传统劳作，都在以独特的魅力吸引着中外游人，呼唤着人们心灵的回归。

乡村是人们心灵的巢房，是我们精神疲惫后最终需要回归的家园。乡村田野，是寄托人类心灵的一方圣土，这里有人们诉说不完的情思记忆，已经成为现代人心灵深处的一个避护所。

中国文化的根基在乡村，要了解中国，必须先了解乡村；要体验中国文化，必须先体验乡村文化，尤其是那些具有独特魅力的乡村。

党的十八大作出了大力推进生态文明、努力建设美丽中国的重大决策部署。美丽中国既要求自然之美，又要求社会之美；既要求城市之美，又要求乡村之美。习近平总书记说，“中国要强，农业必须强；中国要美，农村必须美；中国要富，农民必须富”。这表明了在农村地域和农村人口占绝大部分的

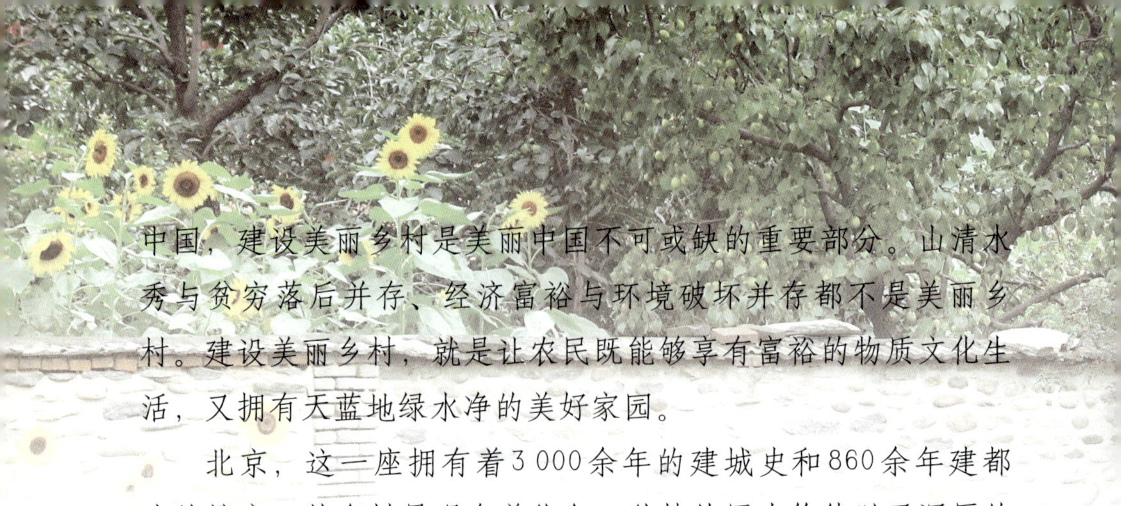

中国，建设美丽乡村是美丽中国不可或缺的重要部分。山清水秀与贫穷落后并存、经济富裕与环境破坏并存都不是美丽乡村。建设美丽乡村，就是让农民既能够享有富裕的物质文化生活，又拥有天蓝地绿水净的美好家园。

北京，这一座拥有着3 000余年的建城史和860余年建都史的城市，其乡村景观有着悠久、独特的历史价值以及深厚的文化和古老的民俗。一直以来，北京市始终把“三农”问题作为政府工作的重中之重。这些年来，首都的美丽乡村建设开始绽放出美丽之花，北京这片神奇的土地更加迷人。

对于北京而言，美丽乡村或魅力乡村就是美丽北京的农村版，是新“生产发展、生活宽裕、乡风文明、村容整洁、管理民主”理念的复制，是在“生产”“生活”“生态”和谐发展的思路中，对整个“三农”发展新起点、新高度、新平台的更高期待。如今，北京的美丽乡村如同一颗颗璀璨的明珠，在美丽的京郊大地上闪耀着光芒，诉说着历史过往，见证着时代变迁……

本书旨在通过传播乡村基本知识，整理北京乡村富饶的资源，展现异彩纷呈的乡村风貌，以北京最美的乡村为载体，充分展示北京乡村的独特魅力，并为读者呈现出一幅北京乡村的全景图。

由于时间仓促，编写人员水平所限，本书或许只能起到抛砖引玉的作用，也难免会存在一些差错和不足之处，敬请谅解。同时，真心希望通过本书让更多人关注首都的美丽乡村建设，让我们的乡村越建越美，生活越来越美好！

编　者

2015年4月

目 录

RESTOREDVILLAGE

了 解 乡 村

乡村是心灵的家，每个人对养育他的土地都有着深深的依恋。背着行囊，无论我们走到哪里，都无法忘记生养我们的那方土地。乡村，也始终徜徉在我们生活的风景线里。

乡村，褪去了城市的浮华，洗尽了城市的繁芜。乡村是童话的乐园，它就像梵高画布上的阿尔，有明镜般纯粹的蓝天，有油彩般绚烂的花海，有阳光哺育下绽放着明媚笑容的向日葵。我国历史悠久，文化积淀深厚，生活在广大乡村中的村民大多通过利用土地、水域、森林、草场等资源从事着农、林、牧、副、渔等经济活动，并在这个过程中创造、形成、传承、优化和保护了特有的乡村地域文化。以集中居住为主要特征的乡村，是人类适应自然和社会发展的必然结果，是人类进化过程中实现集体防御、后代繁衍、资源获得和互助互利目的的必然追求。

我心目中的乡村

方宅十余亩，草屋八九间。
榆柳荫后檐，桃李罗堂前。
暧暧远人村，依依墟里烟。
狗吠深巷中，鸡鸣桑树颠。

——陶渊明《归园田居》节选

土地，草房；榆柳，桃李；村庄，炊烟；狗吠，鸡鸣……，这一切极为平常的事物，在陶渊明的笔下，却成了一幅恬静幽美、清新喜人的图画。在这幅画面上，田园风光以其清淡平素、毫无矫揉造作的天然之美，呈现在人们面前，使人悠然神往。

正如诗人描述的那样，乡村是简朴的、美丽的、单调的，但它那恬淡的风景会让我们心旷神怡，质朴、淳厚的民风会让我们心灵回归。

作为一个中国北方边远地区的朝鲜族女子，我心目中的乡村是一个宁静、安逸、纯净和美丽的地方。那是一个远离都市烦嚣的村庄，那里的空气永远是那么清新，天空永远是那么蓝，朝鲜族传统民居聚簇在一起，四处可见鸟类的踪迹。有一条清澈见底的小溪，终年潺潺地环绕着村庄，里面有活蹦乱跳的小泥鳅、小鳝鱼、小蝌蚪、小鲫鱼，抓小鱼、青蛙是孩子们最喜欢的游戏。

到了春天，这里还有满山遍野的金达莱把一座座山染成一片火红，开得多么鲜艳，多么火热；到了夏天，妇女和姑娘们用一根圆滑的木棒在青石板上槌衣裳，一群光着脚丫子的孩子们在戏水，不时发出欢快的笑声；秋天来了，一片片黄灿灿的稻田，用自己独有的方式诉说着丰收的喜悦，大人们在收割，孩子们在旁边抓蟋蟀、吃着那美味的香水梨、在稻田里打滚；等到进入冬天，房顶上积着厚厚的雪，整个世界沉浸在一片白茫茫之中，老人们悠闲地一起打牌，妇女们一起交流织毛衣，孩子们在冰冻的河里滑雪橇……

无论我们生活在什么地方，无论我们处于人生的什么阶段，乡村，永远是每个人心中的美景。乡村是我们血缘的母亲，生命的脐带，是寄托心灵的一方圣土，这里有诉说不完的情思记忆，乡村成为永恒的艺术主题。

从古到今，与乡村田园相关的艺术作品层出不穷。例如，我国山水田园诗源于南北朝的谢灵运和晋代的陶渊明，到唐代王维、孟浩然等这些大诗人笔下，山水田园诗已经茁壮成长为我国诗歌艺术宝库中瑰丽的花朵。这类诗以描写自然风光、农村景物以及安逸恬淡的隐居生活见长，如同散落在艺术海洋中的珍珠，散发出永恒的魅力。

那么，乡村是什么？很多人都在追问。

其实每个人心中都有着对乡村的不同理解。从定义上看，乡村（Rural，又称Country）是居民以农业为经济活动基本内容的一类聚落的总称。我国是世界上历史最悠久的农业国家之一，在幅员辽阔的土地上，星罗棋布地散列着不计其数的乡村，而高原、梯田、手工耕种，更突出中国乡村的特色，这也就是我们常说的农村。

由于地理环境、文化差异较大，加上文化积淀深厚，各地农业发展的条件差异很大，农业发展水平也不尽相同，在中华大地上形成了异常丰富的乡村景观。

中国是农业大国，幅员辽阔的土地上，有着丰富多彩的乡村风俗民情、各具特色的乡村自然风光、充满情趣的乡土文化艺术、风格迥异的乡村民居建筑和富有特色的乡村传统劳作，以独特的魅力吸引着中外游人，呼唤着心灵回归。

【乡村与农村】 在《辞海》中，“乡村”与“农村”这两个概念是通用的，是指“以农业经济为主的”人口聚居地区。而在我国《关于统计上划分城乡的规定（试行）》中，“乡村”与“农村”这两个概念是不通用的，这两个概念也不是等同关系，而是从属关系。乡村是大概念，农村是小概念，乡村包括农村，农村是乡村的一部分，乡村除包括农村以外，还包括非建制镇的集镇。

乡村是如何形成的？

乡村的产生，是生产力发展的必然结果，也是生产关系调整的必要需求，乡村的产生又加速了生产力的提高和生产关系的优化。随着人类社会的发展，乡村的诞生也成为人类社会文化真正诞生的标志。

乡村是人类聚落发展过程中的一种较为低级的形式，和城市相对，也是城市聚落的初级形态。乡村的形成是和人类早期的生产生活发展史密不可分的。人类为了生存，必须要建立适当的居住地以防寒暑、避风雨、防野兽和防疾病，以便更好的生活。

在史前原始部落时代，人类的经济生活极其简单，甚至无固定的活动地点，人类的居住地是飘忽不定的。在采集经济时代，人们寻求环境较好的地区居住。为了战胜恶劣的自然条件，人们就地取材建立简陋住宅，有穴居、巢状树居等。穴居多分布于石灰岩、黄土等易穿凿的地区，或利用现成岩窟。

从年代来看，原始部落起源于旧石器时代中期。到新石器时代，农业和畜牧业开始分离，以农业为主要生计的氏族定居下来，出现了真正的乡村。中国已经发掘的最早村落遗址属于新石器时代前期，如陕西的半坡、浙江的河姆渡等。

在原始社会末期，随着生产力的发展和第一次社会大分工的出现，农业从社会其他产业中分离出来。人类最初通过利用大河流域的土地、使用简单的生产工具创造了丰富的生活资料，进而突破了先前只有性别和年龄分工的历史阶段，并逐渐由迁移农业过渡到定居农业。与此相适应，最初的乡村有很多是临时的、移动的，甚至可以随时变更的。后来，随着生产的发展以及生活方式的改进，人类才逐渐在某一地区定居下来，从而形成了相对固定的、集团式的聚居形式——乡村。

在人类早期的生产和生活过程中，乡村占有重要的地位。首先，乡村通过某种纽带，把乡村村民集中到一起，这样可以充分发挥集体的力量，更好地实现发展生产和方便生活的目的。其次，乡村形成之后，不同地域之间的生产和生活资料交换关系更加密切，这使得我国大区域的联系更为紧密，加速了整体生产力发展水平的提高和生产关系的调整。最后，乡村在很大程度上维持了人类文化的多样性。乡村是人类进化过程中不断适应环境、与环境作斗争并在竞争中取胜的结果。因此，在几百万年的漫长时间里，乡村文化也逐渐形成、积累、传承，乡村的相对封闭性恰恰为乡村文化的多样性提供了有利条件。

乡村与城市

“乡村是宁静的，闲适的，单调的，是一种慢，像一首朦胧诗；而城市是喧闹的，动荡的，丰富的，是一种快，像一首通俗歌曲。哪一种生活都不可或缺，哪一种生活都充满了母性的关怀，呼唤我们最后的回归。”这是一篇题为《从乡村到城市》的散文中的一段文字。在作者的笔调中将乡村和城市放置到同等重要的位置。

乡村：依山傍水，大面积的农田和旱地，生长着许多农作物……

城市：高楼大厦密集分布，交通网络四通八达……

我们生活在城市中，但是绝对不能遗忘乡村。

乡村与城市，有着太多的不同。城市以它那独特的魅力吸引着成千上万的人，但城市带给我们的，往往是常年心灵上的疲惫。而这时，我们却能够在宁静的乡村中得到一丝丝安抚。

由于环境、生活方式、价值追求、经济基础的不同，乡村相对于城市有许多独特的文化表现。从民居到饮食和服饰、从语言到宗教、从民俗到宗法制度都无不散发着浓郁的乡村气息，体现着丰富多彩的区域特色。乡村，这里没有高楼林立的场景、宽敞而密集的道路、齐全的商业服务和文化设施、蜂拥而至的人群、星光璀璨的灯火，却有着那份恬静、那份安逸、那份淳朴，深深地吸引着厌倦了都市喧嚣的人们，满足人们渴望回归田园、回归自然的心愿。

乡村是城市的依托，没有乡村也就没有城市的存在。

乡村与城市如同太阳和月亮，阴阳相伴，相互依托。既不要盲目鄙视乡村的朴实无华，也不要完全崇拜城市的富丽堂皇，城市与乡村永远是大地上两道美丽的风景线。

了解一下

【聚落】人类各种形式的聚居地的总称，包括城市聚落和乡村聚落。聚落既包括房屋建筑，还包括与居住直接有关的其他生活设施。

【乡村聚落】乡村聚落是乡村地区人类各种形式的居住场所（即村落），也是人们进行生产和社会活动的场所，具有农舍、牲畜棚圈、仓库场院、道路、水渠、宅旁绿地，以及特定环境和专业化生产条件下特有的附属设施等。

【城市聚落】城市聚落是在乡村聚落的基础上发展而来的。商业是城市出现的重要因素。城市，一般包括了住宅区、工业区和商业区。

乡村聚落

通常来讲，乡村聚落的形成与当地的地理环境密不可分。自然地理环境的差异，也必然造成聚落形态的差异。聚落形态除了自然地理环境之外，还受经济发展水平、风俗习惯等因素的综合影响。

【乡村聚落形态与自然环境的关系】 自然地理环境是影响聚落分布与形态的重要因素。一般情况下，平原区的村落规模比山区大，且其形态也有所不同。

从聚落分布来看，平原村落景观因地势平坦开阔，通常呈团状分布；而山区村落则沿山谷呈带状分布。

平原村落

山区村落

不规则多边形聚落

从聚落形态来看，在河流较少的平原或盆地，地形较完整、开阔和平坦，在耕作区的中心，往往形成圆形或不规则多边形的乡村聚落。而在河网密度较大的平原地区，为了用水和交通的方便，多沿河道伸展，形成带状聚落，或为避免洪水浸淹而沿高地分布，形成条带状的乡村聚落。

【乡村聚落建筑与自然环境的关系】 村落的建筑风格和景观也反映了当地的地理环境特征，建筑外貌因居住方式不同而异。如云南傣族的竹楼，悬离地面，以减少潮湿的程度。沙特的乡村民居，墙厚、窗小，以适应沙漠地区风沙大、白天炎热、昼夜温差大的气候条件。北极地区因纽特人的传统住房——冰屋（半球形），就地取材（冰能够隔热）、结实不透风、没有窗子或用透明的海兽肠子做遮蔽物，以抵御酷寒，大大减少屋内外空气对流。黄土高原的窑洞也反映了环境特征，为了适应干燥、冬冷夏热的气候条件，当地利用的就是黄土直立不易坍塌、简单易修、省材省料、坚固耐用、冬暖夏凉的优点凿洞而居。又例如，我国南方房屋的屋顶坡度比北方房屋顶坡度大的原因就是南方雨水多，为了排水方便。

带状聚落

条带状聚落

我国历史悠久，地域广阔，物产丰富，各地的地理条件千差万别，因此乡村居住形式及建筑风格也丰富多样。北方有四合院、窑洞、蒙古包，南方有吊脚楼、土楼，而在云南、西藏、新疆、贵州等少数民族众多的省份，更多的是各具民族特色的民居。

四合院

乌镇居民

吊脚楼

蒙古包

村落的建筑风格除了与自然环境密切相关之外，还与经济发展水平和当地人们的风土民情等相关。例如福建客家土楼，土楼民居以姓氏聚族而群居的特点和它的建造特色，都与客家人的历史密切相关。这都反映了当地人们生活习俗和历史文化等方面对房屋建筑的影响。

了解一下

【客家土楼介绍】 客家土楼也称福建土楼，其中以福建龙岩永定、漳州南靖的土楼最为有名。在中国汉族传统建筑中，客家土楼独具特色，有方形、圆形、八角形和椭圆形等形状的土楼共8 000余座，规模之大，造型之美，既科学实用，又有特色。福建的土楼建筑群已被联合国教科文组织列入《世界遗产名录》。

【客家历史文化】 客家人，是中国南方广东、福建、江西等省的本地汉族分支。客家源流始于秦征岭南融百越时期，历魏晋南北朝、唐宋，由于战乱等原因，他们逐步往江南，再往闽、粤、赣等地，最晚在南宋已形成相对稳定的客家族群——客家人。然后又向其他南方各省乃至东南亚以及世界各地迁徙，并最终成为汉民族中一支遍布全球且人文特异的重要族群。客家人在被迫离乡背井、漂泊他乡的过程中，经历了千辛万苦。不论是长途跋涉的流离失所，还是新到一处人生地不熟的居地，客家人的许多困难都得依靠自己人团结互助、同心协力去解决，共渡难关。其中迁居到福建的客家人先民每到一处，本姓本家人总要聚居在一起，这样也就形成了客家民居独特的建筑形式——土楼。客家人居住的大多是在偏僻的山区或深山密林之中。当时由于建筑材料匮乏，遭遇豺狼虎豹等猛兽的风险较高，加上惧怕盗贼和当地人的袭扰，客家人便营造“抵御性”的城堡式建筑住宅——土楼。

【乡村的生活】 在乡村聚落中，人们的生活通常围绕着农业生产活动。按人们所从事的生产活动，乡村可分为农村、渔村、林场、牧村。事实上，乡村是一个政治、经济、文化、环境等多元综合体，经常受到多方面因素影响，因此在乡村类型划分的时候需要综合考虑。以北京市为例，综合考虑经济结构与主导产业、土地利用、历史文化和功能定位等，可分为资源型乡村、农业型乡村、旅游型乡村、文化型乡村、工业型乡村、商贸型乡村和复合型乡村。随着首都乡村旅游的兴起和快速发展，北京总结推出了全新乡村旅游形态，包括乡村酒店、国际驿站、采摘篱园、生态渔村、休闲农庄、山水人家、养生山吧与民族风苑八种。

城市聚落

一般而言，城市聚落是由乡村聚落发展而来的。劳动分工的分化过程，为早期城市的起源提供了先决条件，使人类居民点形式从原始群、原始村落、原始市井、原始集市进一步演化为以农业为主的乡村和以手工业、商业为主的城市。

世界上最早出现的城市多数都位于大江大河的冲积平原上，如尼罗河流域、两河流域、印度河流域、黄河—长江中下游地区、中美洲等。这是因为，冲积平原上的自然条件优越，农业生产先进，为城市的形成打下了物质基础。

实际上，地形、气候、河流等自然地理因素，通过影响人口分布进而影响城市的形成和发展。利于城市聚落形成与发展的环境因素包括充沛的水源、肥沃的土壤、平坦的地势、丰富的自然资源、便利的交通以及历史文化、宗教信仰和生活习惯等。

城市聚落景观与乡村聚落景观有着明显的差别。在现代社会，城市聚落高楼林立，道路宽敞而密集，商业服务和文化设施齐全，人口密

度大，自然环境改变多。而乡村聚落依旧在很大程度上保持了与周围自然环境融为一体的状态。

另外，城市有大有小，人口有多有少，特色与功能各异。比如，北京、华盛顿等政治活动中心城市，上海、香港等经济活动中心城市，西安、巴黎等文化艺术中心或文化名城，还有杭州、昆明等旅游城市，东京、广州等商业城市。当然，任何城市的功能都不是单一的，而是汇集多种功能于一体。

即便是同一座城市，也有着不同特色的功能区。通常，城市的功能区可分为中心商务区、工业区、商业区、住宅区、行政中心区、文化区、混合功能区和郊区等。不过，在绝大多数情况下，这些功能区之间并不是泾渭分明。这些功能区或者彼此相连，或者相互重合交织，一起构成了复杂的城市形态。

北京

西安

天津

意大利

往来在区域之间

无论是乡村还是城市，它们总是与一定的区域相联系。而不同的区域，由于各地区的自然条件和人文环境不同，社会生活和生活特点各异，物产也有所不同。比如，人们进入超市，各种商品琳琅满目，不仅有本地产品，也有外地产品：山西陈醋、浙江茶叶、山东花生、黑龙江木耳等。为了满足人们物质生活多样化的需求，各区域之间就会发生相互联系和交流，实现了优势互补，促进不同区域的共同繁荣。不同区域之间的联系包括物产、经济、文化、信息、技术和人才等各个方面，如山西人来北京卖山西产的陈醋，这是物产交流；又如北京的教师到四川支援教育，这属于人才交流。同样，城市与乡村之间也随时随地存在经济、文化、信息、技术、人才等方面的交流。比如，粮食、木材、各种肉类、蔬菜、牛奶等人们日常生活必需品来自乡村，而电器、服装、药品、技术等，则是从城市提供给乡村……，而且这种交流随着城乡一体化进程的加快而日益紧密。

城市化：抹不去乡村价值

几千年的中华文明享誉世界，但我们应该意识到，她的源头是农耕文化，她的摇篮是古老的乡村。乡村是传统文明的载体和源头，也是现代文明的根基和依托。

然而在城市化浪潮的席卷下，一个轻视、漠视、忽视“生他养他”的乡村的风气正在蔓延，一个以为工业可以取代农业、城市可以取代农村的错误观念正在膨胀，我国乡村正加速沦陷。在一些错误的认知和实践下，乡村的命运正逐渐走向“吞没”“换新”“消亡”“失真”。要么被城市吞没成为真正的城区，要么被拆并成为新的农村居民点（新村），要么成为一个个“空心村”，逐渐消亡，要么以“村庄博物馆”的形式被传承和保护下来，却被商品经济不断侵蚀。无数的古老民居建筑被拆毁、废弃，大量的乡土民俗由于缺乏传承而趋于消亡。同时，城市化对乡村生态环境、农产品安全、家庭伦理、乡村居住方式、乡村传统组织资源的破坏也是有目共睹的。警钟已经敲响，但是很多人依旧没有觉醒。导致这种认知偏离的主要症结就在于对乡村价值的抛弃。重新审视乡村价值定位，已成为当前解决“三农”问题的主要内容，这对于明确我国城镇化道路的走向意义重大。

所谓乡村价值，就是人类乡村实践中所具有的对自我的维持及发展所在的本质，是乡村所具有的促进人类生存和发展的属性与能力。乡村价值不是一个封闭的概念，其内涵是随着物质世界和人类社会的运动而不断扩充着的，它既有历史内容又有时代展现。

在发达国家，乡村越来越受到人们的青睐，它不仅仅是人们逃避车马喧闹的休闲地、节假旅游的消遣地、换换胃口调剂生活的宜居地，乡村的价值已经被定位在人类社会价值链的最高端。

关于乡村的价值定位，并没有统一的共识，不同认识和见解的人会有不同的看法。但是，不管存在怎样的看法和见解，乡村是人类食物资源的供给者和农耕文明的载体和源头，这两方面都是乡村价值中最为重要的部分。因为以之为核心可以不断地衍生和拓展出新的内容。现在，我们对乡村价值进行历史审视的过程，就是发现其存续必要性的过程；对乡村价值进行阶段定位的过程，则是进一步重申其现实重要性的过程。

不管是现在还是未来，乡村价值的延续在我国这样一个农业文明发展成熟度很高的国家，有着特殊的必要性和重要性。当下的中国，正在经历着从以乡村为载体的乡土社会向以城市为载体的现代社会转型，城镇化进程与村落变迁正是这一实践过程的真实写照，在此过程中所产生的问题也越来越为学界所关注。而在诸多研究中，蕴藏着的一条主线就是对适合中国国情的城镇化道路的探索。

党的十八大报告中再次强调了要坚持走中国特色城镇化道路的理念。所谓中国特色城镇化，不同的学者从不同的角度作出了各式解读，但城镇化过程与乡土社会变迁之间的互动关系，以及乡村价值的存续问题是绝对不能被忽略的，对这一问题的正确解析与判断对明确我国城镇化道路的走向意义重大。

魅力乡村：美丽北京坚实后盾

汉语是一种词汇十分丰富的语言，常常通过一些意思相近的词语就能够感知它的美妙。就拿形容人和事物的美好而言，似乎“美丽”一个词也就足够表达了。但是很多人认为，仅仅“美丽”还是很不够的，还得有味道和个性才行，要有充分的吸引力和诱惑力，“魅力”这个词汇就这样上场了。

“魅力”一词彰显的就是“气质”与众不同、独一无二的人或者事物，有个性之美。近些年，北京提出建设“魅力乡村”也正是这样的原因。

魅力乡村建设，是指通过挖掘乡村的文化内涵，突显乡村的特色和个性，强调的是文化的魅力，使文化魅力成为源源不断的吸引力和活力。不仅外观要美，内涵更要美。魅力乡村的魅力体现在文化、产业、环境等各个方面，它与美丽乡村建设的宗旨是一致的，只是侧重点有所不同。目前，普遍使用的是“美丽乡村”一词，较少使用“魅力乡村”。其实，不管是“魅力乡村”还是“美丽乡村”，都是新时期人们对乡村发展的美好憧憬，是人们追求未来生活更加美好的共同愿望，是对我国乡村未来发展的宏伟蓝图的展望。

了解一下

党的十八大提出“五位一体，将生态文明建设融入经济建设、政治建设、文化建设、社会建设各方面和全过程，努力建设美丽中国，实现中华民族永续发展。”第一次提出了城乡统筹协调发展共建“美丽中国”的全新概念。2013年中央1号文件，依据美丽中国的理念第一次提出了要建设“美丽乡村”的奋斗目标，新农村建设以“美丽乡村”建设的提法首次在国家层面明确提出。

在我国，农村地域和农村人口占了绝大部分，要实现党的十八大提出的“美丽中国”的奋斗目标，就必须加快美丽乡村建设的步伐。

美丽乡村建设是美丽中国建设的重要组成部分，它是在生态文明建设全新理念指导下的一次农村综合变革，是顺应社会发展趋势的升级版新农村建设，它既秉承和发展了“生产发展、生活宽裕、乡风文明、村容整治、管理民主”的宗旨思路，又顺应和深化了对自然客观规律、市场经济规律、社会发展规律的认识和遵循，使美丽乡村的建设实践更关注人与自然和谐相处，保护和传承农业文明。

“美丽乡村”的“美”，主要体现在这几个方面：产业特色明显，产品优质安全，资源生态和谐，谓之“产业美”；布局规划合理，基础设施完善，自然环境和谐，谓之“环境美”；物质生活宽裕，社会保障有力，邻里亲朋和谐，谓之“生活美”；乡风朴实文明，地方文化鲜明，谓之“人文美”。这些归结起来就是生产、生活、生态“三生”的和谐。

2010年开始，农业部在全国开展“中国最具魅力休闲乡村推荐活动”，连续4年每年选出10个魅力休闲乡村。2013年开始启动了“美丽乡村”的创建活动以及“中国美丽田园”推介活动。2014年又开展了中国最美休闲乡村推介活动，评选出特色民居村、特色民俗村、现代新村、历史古村等100个最美休闲乡村。至2014年年底，农业部已经确定了北京市韩村河村等1 100个乡村为全国“美丽乡村”创建试点乡村，油菜花景观、稻田景观、桃花景观、梯田景观、果园景观等共248项农业景观被评为“中国美丽田园”。

为了推进美丽乡村创建，指导和规范美丽乡村创建活动，农业部于2013年5月发布美丽乡村创建目标体系。于2014年2月正式发布“美丽乡村创建十大模式”。这些举措对大力推进农村生态文明、建设美丽乡村具有重要的实践指导意义。

了解一下

农业部发布的中国“美丽乡村”十大创建模式分别是：产业发展型、生态保护型、城郊集约型、社会综治型、文化传承型、渔业开发型、草原牧场型、环境整治型、休闲旅游型和高效农业型。

每种模式分别推介一个典型村与之相对应，即：江苏省张家港市南丰镇永联村、浙江省安吉县山川乡高家堂村、宁夏回族自治区平罗县陶乐镇王家庄村、吉林省扶余市弓棚子镇广发村、河南省孟津县平乐镇平乐村、广东省广州市南沙区横沥镇冯马三村、内蒙古自治区西乌珠穆沁旗浩勒图高勒镇脑干哈达嘎查、广西壮族自治区恭城瑶族自治县莲花镇竹山村委红岩村、贵州省兴义市万峰林街道、福建省平和县文峰镇三坪村。

正如农业部农产品加工局局长宗锦耀所说，“这些乡村实现了人与自然和谐发展，成为农民幸福生活的美好家园，也成为建设美丽乡村、美丽中国的缩影和经典。”最终认定的“美丽乡村”都以农业为基础、农民为主体、乡村为单元，围绕农业生产过程、农民劳动生活和农村风情风貌，因地制宜地发展休闲农业，功能特色突出，文化内涵丰富。而被认定的“美丽田园”，则表现为产业规模大、体验类型多、生态条件好、配套环境优，反映了各地的农耕文明、地域风情和特色风貌，诠释了农事景观的人文积淀，具有较高的农业综合效益。这让人们更加清楚地了解到美丽乡村、美丽田园建设的标准和含义。

习近平总书记2013年7月在湖北省考察工作时强调，即使将来城镇化达到70%以上，还有四五亿人在农村。农村绝不能成为荒芜的农村、留守的农村、记忆中的故园。城镇化要发展，农业现代化和新农村建设也要发展，同步发展才能相得益彰，要推进城乡一体化发展。在2013年年底召开的中央农村工作会议上，习近平总书记再次强调，中国要强，农业必须强；中国要富，农民必须富；中国要美，农村必须美。建设美丽中国，必须建设好“美丽乡村”。

也就是说，即使将来实现了很高的城市化率，也还是要有数亿人居住生活在农村。这就决定了我们在城市化过程中为维护农村稳定所做的工作不是权宜之计，而具有更长远的战略意义。

北京是中国的首都，“美丽北京”是“美丽中国”的一个缩影，建设美丽中国，首先要建设好美丽北京。当前，随着首都人口的持续增加和城市化进程加快，资源紧缺问题和生态环境压力日益突出，加快转变经济发展方式，成为刻不容缓的紧迫任务。目前，北京的城市发展和产业结构调整进入到了新的快速发展时期。加强生态文明建设，构建“美丽北京”是首都实现可持续发展的必然要求，也是首都率先实现社会主义现代化的必由之路，对北京打造和谐宜居之都、中国特色世界城市建设具有重要的意义。

而北京乡村地域广阔、村庄数量庞大，是城市发展的腹地、副食品供应的生产基地、生态环境的屏障和水源涵养地，是首都可持续发展的重要资源支撑，城乡居民旅游休闲的胜地，对首都宜居城市建设和可持续发展具有重要地位和作用。由此可见，乡村在美丽北京建设中的地位是举足轻重的。美丽乡村或魅力乡村作为美丽北京的农村版、新农村的升级应用版，是美丽北京建设的重要支撑。

伴随着服务首都、富裕农民、统筹城乡发展、率先实现城乡经济社会发展一体化格局、努力建设国际一流和谐宜居之都等科学发展思路，首都的美丽乡村建设扎实有序推进。为促进美丽乡村建设，北京积极开展了环境优美乡镇、生态文明村、北京最美的乡村等评选活动，也积极申报农业部开展的“魅力休闲乡村”“美丽乡村”“中国美丽田园”等评选活动，取得了丰硕的成果。而这些乡村在北京乃至全国美丽乡村建设中起到了很好的引领带动作用。如今，北京的美丽乡村像一颗颗明亮的珍珠一样，在美丽的京郊大地上闪耀着“生产美、生活美、环境美、人文美”的光芒，成为美丽北京建设的坚实后盾。

异彩纷呈的乡村

北京位于太行山、燕山和华北平原结合部，以平原、山地为主，山地占全市总面积的62%，郊区占全市总面积的86%。多样的地形地貌，悠久的历史文化，造就了京郊丰富的自然和人文资源。这里异彩纷呈，有独特的自然风光、众多历史名胜古迹和人文景观，以及丰富多彩的非物质文化遗产，富饶的物产。

优美的自然环境与景观

自然环境是人类生存和繁衍的物质基础，北京优美的自然环境为魅力乡村建设提供了有利条件。北京位于东经115°25’～117°30’，北纬39°26’～41°03’，地处华北平原西北边缘，东距渤海150公里，西临黄土高原，北接内蒙古高原，在我国三级地势阶梯的交接处。西部是太行山余脉的西山，北部是燕山山脉的军都山，两山在南口关沟相交，形成一个向东南展开的半圆形大山弯，人们称之为“北京弯”，它所围绕的小平原即为北京小平原。诚如古人所言：“幽州之地，左环沧海，右拥太行，北枕居庸，南襟河济，诚天府之国”。

自然环境与资源

【地貌】 北京东、西、北三面环山，东南为平原。山地面积约占总面积的2/3，平原面积约占1/3。山地分为西部山地和东北部山地。西部山地统称“西山”，属太行山余脉，占全市山地总面积约30%，海拔一般为1 000 ～ 1 500米，最高山峰为东灵山，海拔2 303米。东北部山地统称“北山”又称军都山，属燕山山脉，约占全市山地总面积的70%，海拔一般为800 ～ 1 000米，最高处是海坨山，海拔2 234米。燕山山脉向东直达渤海之滨，其和太行山脉在北京西北部交汇，形成东北、北、西、西南半包围型山地空间格局，并在北京昌平区南口镇附近形成一个向东南展开的半圆形，将北京小平原环拱起来。平原由许多冲积扇组成，缓缓向东南倾斜，平原地带海拔一般为30 ～ 50米，最低8米。而北京城则位于永定河冲积扇上。

【气候】 北京山区大部分属暖温带半湿润季风型大陆性气候，具有四季分明、季风显著、降水集中、雨热同季等特征。年均太阳辐射量为135千卡／平方米，热量从东南向西北逐渐降低。全年日照时数春季最多，每月日照230～290小时，冬季最少，每月日照不足200小时。年平均气温为13.1℃。1月最冷，平均气温－3.9℃。7月最热，平均气温26.5℃。年平均降水量430.9毫米，年度降水主要集中于夏季。无霜期189天。多年来由于气候和人类活动的影响使得北京市年降水量呈减少趋势，干旱年频率呈上升趋势。

【生物】 北京境内动、植物资源十分丰富。有各类植物2 000多种，其中野生植物占一半。北京地区的地带性植被主要是温带落叶阔叶林、温带针叶林，北京的植被以落叶为主，主要种类为松、杉、柏、杨、柳等。随着海拔高度的增加，气候、土壤有明显的垂直分异，故植被也表现一定的垂直分布规律，分为低山丘陵灌草丛带、低山落叶阔叶灌丛带、中山下部松栎林带、中山上部桦树林带、山顶草甸带。百花山、妙峰山、东灵山等地是著名的天然植物园。北京地区的动物资源有兽类约40种，鸟类约220种，爬行动物16种，两栖动物7种，鱼类60种。

【矿产地热】 北京市的矿产资源赋存条件在世界各国首都中也是少见的，其矿种数、探明储量等在我国的大城市中也是得天独厚的。主要矿产包括煤炭、铁矿、金矿、钼矿、水泥用灰岩、熔剂用灰岩、制灰用灰岩、大理岩、透辉石、建筑用砂等。另外，北京还发现了多处地热异常带和地热资源。

【水文】 总的地貌轮廓支配着境内河流的流向和格局。北京地表

水系均属海河流域，主要包括大清河、永定河、潮白河、北运河和蓟运河五大水系，这些水系通常都流向东南，形成了反映地势总倾斜的似扇状水系。北京的这种地势轮廓给水利工程和灌溉提供了较为理想的地貌条件。在西部和北部山地，可以利用山高谷深，水源较丰沛的特点，修筑大中小型水库（如密云水库、官厅水库、白河堡水库等），或按自然坡度挖渠（如京密引水渠、永定河水渠、潮河总干渠等），为平原区提供灌溉和城市用水水源。

自然景观

【地文景观】 北京地形地貌类型多样，自然旅游资源主要分布在山区。依山而建的水库、千姿百态的瀑布、涓涓流淌的溪流和茂密的森林植被与山地峡谷风景相结合，构成了北京秀丽的自然风光。

了解一下

【乡村地文景观类型】

地质景观和地表岩溶景观资源：如房山区十渡风景区。

生物化石与典型地层剖面旅游资源：如房山区周口店北京猿人遗址、延庆县硅化木地质遗迹等。

山地景观资源：北京地区按岩性划分，主要有火山岩山地、石灰岩山地、花岗岩和片麻岩山地、碎屑（沉积）岩山地。火山岩山地有百花山、百草畔、清水尖、妙峰山、九龙山等；石灰岩山地较多（西部山区——太行山典型特点），如黄草梁、大洼尖、笔架山等；花岗岩山地有东灵山、海坨山、云蒙山、喇叭沟门、汤河口、昌平区八达岭、鸡盘山、房山西北部花岗岩山地等；石英砂岩陡峭山地分布在百花山南麓、老龙窝、九龙山和香峪大梁、猫耳山一带，及密云县大白崖。

峡谷景观资源：如延庆县龙庆峡、怀柔区青龙峡、密云县黑龙潭等。

洞穴景观资源：房山区分布了大量的石灰岩溶洞，如石花洞、云水洞、银狐洞等，还有门头沟区八奇洞、平谷区京东大溶洞等。

【水文景观】 北京地区大小河流众多，较大河流有永定河、潮白河、北运河、泃错河、拒马河等，它们均从西北部山地流出，经东部平原，最后分别汇入渤海。其中，永定河是流经北京市的一条主要河流，发源于山西省宁武县管涔山，全长约680千米，在西山地区深切山谷，蜿蜒曲折，为山地增添了秀丽的景色。而拒马河谷地貌多姿，有着“北国漓江”之称。

北京市的人工水系，除了北运河，还先后修建了永定河引水渠、京密引水渠、潮河总干渠、白河堡饮水工程、南水北调工程等。

多年来，北京市依山峡沟谷修建的水库，除用作饮用水源需严格保护外，很多水库已开辟为旅游区，供游览并开展游艇、垂钓、漂流等水上娱乐项目，如金海湖（海子水库）、雁栖湖（北台上水库）、珍珠湖（珠窝水库）等。

了解一下

【乡村水文景观类型】依河川风景性质而言，它们的中下游大部分属平原风景河；上游多为山地风景河，且多为优美的风景支流河段。北京乡村水文景观类型主要有：非峡谷风景河流景观；湖泊或水库景观；瀑布景观；泉水景观。

【气候生物景观】北京地区属于暖温带大陆性季风气候区，原始的地带性植被为暖温带落叶阔叶林。北京西北部的中山相对高差大，一般高差均在1 000 ～ 1 500米左右，随着海拔高度的增加，植被表现出一定的垂直分布规律。从山麓到山顶一般可分为四个植被带：低山落叶阔叶灌丛和灌草丛带，中山下部松栎林带，中山上部桦树林带和山顶草甸带。此外，山坡坡向的不同引起阴阳坡水热条件的差异，也影响着北京山地植被的分布。以植被为主的自然地带的垂直分异特征决定了景观在不同尺度上的地段差异，从而构成了北京山区生态旅游资源的地段韵律。

北京周边地区的原始天然林仅在东灵山、小五台山、雾灵山、喇叭沟门、松山、云蒙山、百花山等偏远地区的深山地段还零星分布着。这些原始天然林展现了北京地区历史上的植被面貌，成为旅游观光中最富吸引力的植物景观。

了解一下

【乡村气候生物景观类型】

原始植物群落或自然保护区：松山国家级自然保护区、百花山国家自然保护区等。

风景林或森林公园景观：密云云蒙山森林公园、海淀鹫峰森林公园、昌平蟒山森林公园、平谷丫髻山森林公园、大兴古桑森林公园等。

草原或草甸景观：北京有良好的高山草甸和沼泽草甸，如门头沟灵山、黄草梁、延庆县的康西草原、昌平区黄花坡等。

观赏性花草或花卉：如门头沟区玫瑰谷、密云香草园等。

浓厚的人文风情

北京不仅是全国的政治、文化中心，更是一座著名的历史文化名城，其与西安、洛阳、开封、南京、杭州并称为中国六大古都。老北京历史悠久，人文积淀深厚，形成了别具特色的京城风格。尽管现代气派已给北京城增添了无限的摩登气息，老北京的地道京味依然风味犹存。

广阔的乡村是传统文化、民俗文化和民间手工艺、民间戏曲、歌曲的摇篮，是中华文明的襁褓。乡村潜藏着丰富的文化资源，是开发不尽的文化宝藏。

历史遗迹

北京是我国名胜古迹荟萃之地，有众多的明清宫殿建筑群、皇家园林、坛庙寺观、帝王陵寝、古塔石刻、名人故居，以及宏伟的古代、现代建筑，众多的博物馆和纪念馆等。北京郊区历史文化遗迹丰富，包括古村落遗址、古城堡遗址、宗教寺庙、古代军事活动遗址、古代陵墓、名人故居、古代园林等类型，为我们保留了宝贵的财富。

【保护与开发现状】 目前，北京郊区县历史文化保护区共有7个（全市43个），大多在山区；重点文物保护单位郊区县所占的比例较低，国家级和市级均不超过20%，而地下文物埋藏区郊区县占78.6%。古村落保护与开发方面，尽管北京存在一定数量的历史文化村落，但被列入中国历史文化名镇名村的仅有5个。另外，仍有2/3的名人故居、大部分地段的长城文化资源保护状况令人担忧。

【古人类遗址】 古人类文化遗址是人类文化领域内年代最古老的景观形态表现。由于其生活时代尤为遥远及反映人类起源的独特性质，因此颇为神秘性。但对人类自身而言，又是很有吸引力的。原始人类，从能制造生产工具的南方古猿开始，直到以后相当漫长的一段时间，基本上都属“旧石器时代”的原始社会初级阶段。截至目前，中国已经发现的这一时期的文化遗址，其时间跨度从170万年前一直到距今约1万年前，在北京地区则从约从70万年前到距今1万年前。

考古学家根据中国猿人制造石器和利用火的进化程度，又将旧石器文化分为早期、中期和晚期三个阶段。在北京地区，这三个阶段的古人类文化遗址都有发现。如属于旧石器早期的周口店北京猿人遗址，属于旧石器中期的周口店遗址第四地点人类文化遗址，属于旧石器晚期的周口店山顶洞人文化遗址及东胡林人遗址。

除了旧石器文化遗址，北京地区发现的新石器文化遗址也有几十处以上，如平谷区的上宅遗址、北埝头遗址属于北京地区新石器晚期文化遗存，距今约6 000 ～ 8 000年。

北京新石器时代的文化遗存以及上古历史的一些遗址，与旧石器时代的文化时空形态比较就不同了。这一时期的人类已经有了改造自然、驾驭环境的某些能力和经验，开始从山区森林环境走入平原草原环境，并已能制作比较精细的石器来进行原始的农耕和牧业生产活动。在生活和装饰上也出现了某些原始的审美意识，开始制作了某些具有一定艺术水平的器物和装饰品。如门头沟区军响乡东胡林村发现的一具新石器时代少女的遗体，在颈部戴有用小螺壳串制的项链，腕部戴有用牛肋制成的手镯。在平谷区上埝村和上宅村出土的陶器，上面刻划的刮条纹和之字纹以及猪、羊、猴、熊、鱼等动物造型，都具有一定的艺术雕刻水平，其精细性、多样性程度远远高于旧石器时代。

北京地区不仅有上述的新旧石器文化遗址，而且有许多保存较好、出土文物丰富的商周到秦汉时期文化遗址。如平谷区王辛庄乡杜辛庄村北的杜辛庄商代中晚期文化遗址，房山区琉璃河乡境内的琉璃河商周文化遗址，怀柔区七道河乡政府驻地东侧的七道河汉代村落遗址等。这些遗址资源，已经成为中国十分重要的文化遗产。

【古村镇古村落】 北京作为历史文化名城，有着长达数百年的农牧文明，现有3 941个行政村，自然村则达上万个，其中存在一定数量的历史文化村落。目前被列入中国历史文化名镇名村的有门头沟区斋堂镇爨底下村、门头沟区斋堂镇灵水村、门头沟区龙泉镇琉璃渠村、密云县古北口镇、顺义区龙湾屯镇焦庄户村，仍有大量的村落需要保护和抢救。

古村落是北京历史文化名城的重要组成部分，也是北京历史文化遗产的形态之一。2011年由北京市组织编制的《北京市"十二五"时期历史文化名城保护建设规划》中把北京的古村落划分为以下三种：一是位于北京市域内的中国历史文化名村，如门头沟区斋堂镇爨底下村、门头沟区斋堂镇灵水村、门头沟区龙泉镇琉璃渠村、密云县古北口镇、顺义区龙湾屯镇焦庄户村；二是那些历史遗存丰富、整体景观风貌良好的村庄，如昌平区长陵镇的众多陵村等；三是指那些村庄整体一般，但是建成区内有一定的历史建筑或是文物，并且保存有体现村庄传统特色和典型特征的环境要素的一些村庄。

【陵寝墓葬】 作为中华民族传统文化的重要组成部分，丧葬文化在北京山区表现得最为充分，也最具特色。其中，帝王陵墓最为显著。

帝王陵墓，包括陵墓及其附属建筑，合称为陵寝。我国从夏商周时代到最后一个封建王朝清，历时近4 000年。其间，汉族和其他少数民族建立的统一王朝和地方政权，共有帝王500余人。至今地面有迹可寻、时代明确的帝王陵寝共有100多座，分布在全国半数以上的省份。

我国的帝王陵寝不仅数量众多、历史悠久、在世界上独一无二，而且布局严谨、建筑宏伟、工艺精湛，具有独特的风格，在世界文化史上占有重要的地位。而北京作为中国举足轻重的古都，帝王陵寝资源自然异常丰厚，最为典型的就是明十三陵。明十三陵位于北京昌平城北

11公里，背靠天寿山且三面环山，方圆多达120平方公里，整个陵区得天独厚、雄伟壮观，是我国规模最大、建筑完美的皇家陵园。

明十三陵建筑雄伟独特、布局合理适当、艺术巧夺天工，建筑部分与风景艺术相得益彰，从不同的侧面反映了明代政治、经济和文化。2003年，明十三陵被列入《世界遗产名录》。世界遗产委员会评价：明清皇家陵寝依照风水理论，精心选址，将数量众多的建筑物巧妙地安置于地下。它是人类改变自然的产物，体现了传统的建筑和装饰思想，阐释了封建中国持续五千余年的世界观与权力观。

【明十三陵】明十三陵主要包括成祖朱棣的长陵、仁宗朱高炽的献陵、宣宗朱瞻基的景陵、英宗朱祁镇的裕陵、宪宗朱见深的茂陵、孝宗朱祐樘的泰陵、武宗朱厚照的康陵、世宗朱厚熜的永陵、穆宗朱载垕的昭陵、神宗朱翊钧的定陵、光宗朱常洛的庆陵、熹宗朱由校的德陵、思宗朱由检的思陵。

目前北京山区的丧葬文化遗迹，可分为四类：第一类皇陵文化遗迹，即平谷黄帝陵、房山金陵、昌平十三陵；第二类是亲王坟墓，如房山的汉代燕王墓、延庆的辽代梁王墓、房山的金代十王坟、昌平的清代王爷坟和恭亲王墓等；第三类是历代名人墓葬，其数量之多，遍布在山区各处，如房山的战国乐毅墓和唐代贾岛墓，元代刘秉忠墓，明代滕怀王朱瞻垲墓，唐代刘武周墓等；第四类是史前及先秦时期北京的古墓葬群，主要有房山区周口店猿人遗址，门头沟前桑峪村古人类遗址（旧石器时代）与“东胡林人”遗址（新石器时代早期），平谷区上宅文化，以及刘家河商代墓葬、延庆县山戎墓葬等。

在北京市众多的丧葬文化遗迹中，很多由于年代久远，遭受自然风雨及人为破坏，毁损严重，仅有少数受到保护和修缮，因此，如何进一步保护众多的丧葬文化遗址，已经成为绕不开的问题。

【古寺名刹】 北京郊区古代宗教文化建筑和遗址丰富，各区县均

【潭柘寺】 位于门头沟区东南部的潭柘山麓，是北京最古老的寺庙，距市中心30余公里，总面积达121公顷以上。潭柘寺始建于西晋永嘉元年（公元307年），寺院初名“嘉福寺”，清代康熙皇帝赐名为“岫云寺”。因寺后有龙潭，山上有柘树，故民间一直称为“潭柘寺”。寺院依山而建，殿宇雄伟，建筑格局分为东、西、中三路。中路建筑金碧辉煌，有牌楼、山门、天王殿、大雄宝殿、毗卢阁。东路是一组庭院式建筑，碧瓦朱栏，幽雅别致，有方丈院和清代皇帝的行宫。西路建筑庄严肃穆，有戒坛、观音殿等。2001年被定为第五批全国重点文物保护单位，2003年年底与戒台寺一起被定为国家4A级景区。

有分布，不仅数量多，而且建筑精良，雕刻和壁画精美、文物价值很高，在全国占有重要地位。它们是北京历史文化资源的重要组成部分。有北京最古老的寺庙潭柘寺，明清时期北京的宗教信仰中心妙峰山娘娘庙。另外在建筑品位方面，京郊有全国最大的戒坛（门头沟区戒台寺）；有全国仅有一座实物的基督教景教圣地（房山区十字寺）；有独特建筑风格的明代券洞殿堂（门头沟白云禅寺）。而在宗教文物方面，京郊有全国最大的铜卧佛；有全国乃至世界刻经数量最多，历时最长的石经板（房山云居寺）；有北京最高大的石佛像（房山区白水寺）；有北京仅存的以金木水火土排列的五尊龙王塑像（三家店龙王庙）；有浮雕精美，民间文化浓厚的门头沟区大村娘娘庙等。

【长城关隘】 长城是举世无双的古代军事防御工程，早在几百年前就同罗马斗兽场等列为中古世界七大奇迹，1987年被联合国教科文组织世界遗产委员会列入《世界遗产名录》。

长城不仅是一座历史的实物丰碑，也是众多文化艺术的载体，农耕文化与游牧文化整合过程的交汇线。万里长城北京段，整个走势呈比较连续完整的半环形，分布在平谷、密云、怀柔、昌平、门头沟和延庆6个山区区县，总长度600多公里，其中明长城长度为526.65公里。据调查，北京段长城保存完整无损的累计长度为67公里，基本完整的6公里，中等的116公里，损坏的95公里，损坏最严重的295公里。长城线上共有城台（包括敌台、附墙台及战台）827座。关隘是长城的重要组成部分。关隘是两山之间的狭窄通道，在这里筑城设险堵住通道，就称为关塞，是守军在长城上的重要据点。在北京境内已发现的长城关隘71个，关隘建有关楼和城堡，一般体量较大，建筑十分坚固。通常，关隘建在地势险要之处，居庸关即是一个突出的代表。

北京著名的长城有延庆县的八达岭长城（明长城最具代表性的一段），怀柔区境内的慕田峪长城（新北京十六景之一），密云县司马台长城及古北口长城（最完整的长城体系），怀柔区箭扣长城（明代万里长城最著名的险段之一），位于密云县与河北滦平县交界的金山岭长城等。这些长城段风格迥异，每年都吸引大量国内外游客。

【古道驿站】 由道路、驿站、桥梁及交通工具等构成的古代交通文化是北京历史文化的重要组成部分，北京迄今保留着许多古道文化遗风。

调查发现，房山区、昌平区、延庆县、密云县、门头沟区、怀柔区、平谷区均有古道，但受位置、地形及其他一些因素的影响，北京山区各区县历史交通文化的内涵及价值存在不同。房山区、昌平区、延庆县、密云县的历史交通文化最为重要，门头沟区的运煤古道极为典型，保存最完好。

北京市的太行山东麓大道、居庸关大道和古北口大道三条古道，是北京城原始聚落形成的重要条件之一，分别通过今房山区、昌平区和延庆县、密云县4个山区区县，也是这4个区县历史交通文化最为重要的主要原因。

中国是世界上最早建立组织传递信息的国家之一，邮驿历史长达3 000多年。和古道紧密相连的便是驿站邮铺。驿站是中国古代传递官府文书和军事情报的人或来往官员途中食宿、换马的场所。明清时期，北京地区古驿站邮铺通四方，与北京山区区县有关的驿站邮铺也数不胜数。良乡的固节驿（饮马井）当时为京师第一驿站，主要负责传递公文信件，接待来往使节和过往官员。直到清末随着现代邮政的兴办，才走向衰落并最终退出历史的舞台。

北京的古道是与商运紧密联系在一起的，尤其是与煤和琉璃砖瓦的运输联系最为紧密。说到商运，不得不提到西山中的古道文化。这里的古道大致可分为军防古道、商旅古道和进香古道三类，它们互通有无，其中商用道的历史遗迹最多。过了几百年历史，虽然显现出残败的颓相，但风情古韵犹在，具体包括西山大路北道、西山大路中道、西山大路南道、火村古道、黄岭西古道、沿长城古道、潭柘寺香道等众多古道。西山众多的山口峡谷也成为进军或退兵的军行要道。还有古桥和一些交通工具，现在在山区仍可见到，这很好地体现了北京的历史交通文化。

在众多御路中，与北京山区相涉及的主要有三条：第一条是由金中都至大房山东麓金皇陵的御路和北京至易县清西陵的御路，这两条御路部分重合，且皆与房山区相涉；第二条是由北京至清承德避暑山庄的御路，该御路与怀柔区、密云县相涉；第三条是由元大都到上都的御路和由北京至明十三陵的御路，这两条御路亦部分重合，且与昌平区及延庆县相涉。不过，元代大都与上都间的驿道辇路，分东路与西路，东路与北京密云县相涉，西路与昌平区和延庆县密切相关。

御路是过去皇帝经常走过的道路。北京作为金、明、清的都城，有着众多的御路。御路不仅道路宽广平坦，质量高，且沿途多建有行宫，便于皇帝途中休息。房山区、昌平区、延庆县、怀柔区、密云县都曾有或元代或明代或清代营建的行宫，这些御路也提升了北京交通文化的档次。尽管这些行宫都已荡然无存或仅见遗址，但作为北京交通文化的一部分，其历史价值却不容忽视。

特色饮食

北京自春秋战国以来一直是我国北方重镇，先后有辽、金、元、明、清五朝建都于此，是我国政治、经济、文化和外交中心，汉、满、蒙古、回等各族人民在此定居。世界和全国各地文化在此融汇交流，在饮食文化方面，形成了荟萃百家、兼收并蓄、格调高雅、风格独特、自成体系的“北京菜”。

“北京菜”是由北京地方风味菜，以牛羊肉为主的清真菜，明清皇家传出的宫廷菜，及做工精细、善烹海味的谭家菜，还有其他省市的菜肴所组成。其中，山东菜对北京菜系的形成影响深远，是京菜的基础。长期以来，山东风味的菜馆在北京四处林立，山东的胶东派和济南派在京相互融合交流，形成了以爆、炒、炸、熘、蒸、烧等为主要技法，口味浓厚之中又见清鲜脆嫩的北京风味，广而影响齐鲁、松辽、三晋、秦陇等北方风味的形成，在烹饪园地中一枝独秀。

北京小吃也非常有特色。在北京，小吃俗称“碰头食”或“菜茶”，融合了汉、回、蒙古、满等多民族风味小吃以及明清宫廷小吃而形成，品种多，风味独特。北京小吃大约二三百种。包括佐餐下酒小菜（如白水羊头、爆肚、白魁烧羊头、芥末墩子等）、宴席上所用面点（如小窝头、肉末烧饼、羊眼儿包子、五福寿桃、麻茸包等），以及作零食或早点、夜宵的多种小食品（如艾窝窝、驴打滚等）。其中最具京味特点的有豆汁、灌肠、炒肝、麻豆腐、炸酱面等。一些老字号专营其特色品种，比如仿膳饭庄的小窝窝、肉末烧饼、豌豆黄、芸豆卷，丰泽园饭庄的银丝

卷，东来顺饭庄的奶油炸糕，合义斋饭馆的大灌肠，同和居的烤馒头，北京饭庄的麻茸包，大顺斋糕点厂的糖火烧等。

北京郊区地缘广阔、人杰地灵、得天独厚。既有历史悠久的传统特色美食，如大顺斋糖火烧、万通酱园酱豆腐、榆垡镇宫廷鸡、将军关灌肠、康陵村春饼宴等，也有创意十足的新菜肴，例如李渠村西瓜宴、西柏店村鲜花宴，还有与寺庙文化密切相关的特色饮食，如云居寺素斋、潭柘寺素食豆腐和禅茶等。

另外，北京郊区拥有丰富的自然人文资源和食物资源，秀美的山川湖泊和丰饶的平原大地为农家提供了丰富多彩的食物品种，形成了山区、岸边、平原三位一体的物产特色的饮食格局。

山区主要以当地自产的食材为主，有浓厚的农家风味。比如：怀柔区有项栅子二八席、怀北山蘑菇、杨树下村敛巧饭、油栗红烧肉以及具有特色的新峰村彩色豆腐宴、汤河人参宴、琉璃庙火盆沙锅宴等；密云县有农家主题宴，如陈大姑鱼面、生态一品炖、一锅鲜、鲤鱼戏碧珠等；延庆县有柳沟火盆锅豆腐宴、辛栅子村的八八席和六八席、玉皇庙水豆腐、西王化营村甘薯宴、东桑园村沙锅宴、水泉沟蜂蜜烤全羊、卓家营村火锅馄饨、泉子村泉水香鸭等。房山区的霞云岭八八席，门头沟区的灵水村核桃宴、京西压肉，平谷区的雕窝烤全羊、老泉口煎饼、北寨烙肉饼以及很有特色的西柏店村的食用鲜花，昌平区碓臼峪村的绿色民俗宴、长陵村饸饹面、康陵村春饼宴以及讲礼村的驴肉全席和小鸟火锅也很有特色。

北京的河流、水库周边主要以鱼为主体的各种美食层出不穷。包括通州的小楼焦熘鲇鱼，怀柔的沟内虹鳟鱼及鲟鱼，密云溪翁庄鱼街和古北口生态虹鳟宴，延庆的上磨妫水之源鳟鱼宴和千家店镇白河鱼，平谷的侉炖鱼和烤鲫鱼，房山的十渡鲟鱼等。

而平原地区则依托自身资源优势，传承和发展形成了地方特色美食。大兴区是农业大区，也是皇家贡品供应地之一，由此开发出了榆垡镇宫廷鸡和李渠村西瓜宴。通州区作为历史上的漕运古镇，其饮食文化也独树一帜，运河美食源远流长，内涵丰富，特色鲜明，有小楼焦熘鲇鱼、大顺斋糖火烧、万通酱园酱豆腐、蒸毛鸡蛋，以及京东传统饮食代表面茶等。

民俗风情

北京是世界闻名的文化古城，多民族特有的文化在这里相互渗透交融形成的地方性民俗，是中华民族民间文化习俗的重要组成部分。包括市肆庙会、时令节年、婚丧嫁娶等，内容十分丰富。北京文化古都的整体形象离不开它的郊区，京郊农村社会里保存着较多的农耕时代民俗文化以及非物质文化遗产，它是城市现代人认识民族历史、寻根认祖的一片最近的沃土。

北京民俗演变深受城市发展的影响。自辽金以来，北京逐渐成为全国政治、文化中心。这种中心位置使北京的民俗内容融汇各地及多民族的文化风韵，形成了民俗民风的丰富多样及变化多彩。另外，北京民俗深受皇权政治的影响，民俗习惯中混杂了宫廷中官场生活与文化的印记。

从区域上划分，北京的民俗又有都市和乡村的分野。北京乡村民风民俗既是当地人民在实地生活中所衍生、创造的，也是沿袭先辈传统而代代存续，与本地域生活和民族传统紧密联系的。这些民风民俗在人们日常生活中起到和睦乡

【民间风俗】 民间风俗即民俗，指一个国家或民族中广大民众所创造、享用和传承的生活文化。它是一种历史文化传统，也是民众现实社会生活的一个重要组成部分。它包括日常饮食、居住、礼仪、服饰、人际交往、公众娱乐等。

【非物质文化遗产】 非物质文化遗产是指各种以非物质形态存在的与群众生活密切相关、世代相承的传统文化表现形式，包括口头传统、传统表演艺术、民俗活动和礼仪与节庆、有关自然界和宇宙的民间传统知识和实践、传统手工艺技能等，以及与上述传统文化表现形式相关的文化空间。非物质文化遗产是以人为本的活态文化遗产，它强调的是以人为核心的技艺、经验、精神，其特点是活态传承。

【山区花会】花会最早称香会，因破除迷信，改香会为花会，是古老的汉族民俗活动，是在春节等节日进行的各种游艺活动的统称。其源于元代佛教的“行像大会”，流行于北京等地区，一年四季都有活动，属于汉族民间传统自娱性的群众文艺组织。形式多样，歌舞为主，城乡皆有，通常在庙会举办期间或者在乡村举行盛典庆祝时通过走会进行表演。花会是民众自由结合、自我娱乐的一种形式，为民众所喜闻乐见，在民间流传很广。北京各郊区县均有花会，例如密云蝴蝶会、延庆旱船、京西太平鼓、京西古幡乐、房山高跷等。

邻、丰富日常生活、寄托民众信仰等重要作用。民众以不同方式与规模的聚会来具体展现这些民俗活动。在各个郊区县都有典型而又著名的集会场所，并形成了这一区域的独特风景。

北京郊区地域广阔，历史悠久，孕育了丰富的非物质文化遗产及民俗文化。从类别上看，民间音乐、民间舞蹈、民间文学、传统戏剧、曲艺、游艺传统体育与竞技、民俗、民间美术、传统手工技艺、传统医药等在郊区县均有分布。从内容上看，除了春节、元宵节、清明节、端午节、七夕节、中秋节、重阳节、龙抬头等传统民俗节日之外，山区的庙会风俗和花会是具有地域特色的乡村民俗文化。另外，每个区县还保留具有区域特色的非物质文化遗产。例如，大兴区白庙村音乐会、门头沟区京西太平鼓和京西幡乐、昌平区鼓舞、密云县九曲黄河阵灯会、门头沟区妙峰山庙会等都得到了较好的保护和开发利用。这些非物质文化遗产及民俗文化不仅是乡村历史文化的宝贵记忆，也是乡村旅游的重要载体，是推动农村经济发展的宝贵资源。

【山区庙会】北京的庙会相传起源于辽代，称为“上已春游”。元、明、清时期，北京庙会进一步兴起。大体分为三类：①每月定期轮流开放的庙会，这类庙会逐渐演变为商业性、娱乐性的集市，多集中在城区；②传统结年或结合佛、道两教祭祀活动按惯例开放的临时庙会，如丫髻山庙会、妙峰山庙会等；③行业庙会，每年一次，通常都结合本行业祖师诞辰日子举行“善会”，如门头沟九龙山庙会。北京郊区县中最为著名的是门头沟妙峰山庙会和平谷丫髻山庙会。每年农历四月初一至十八日，都有四面八方的香客组成香会来此朝顶进香。此外，密云白龙潭的“开潭”庙会、门头沟戒台寺的晾经庙会和百花山庙会等也是带有明显地域特色的庙会。

勅建惠濟祠

富饶的物产

不管我们走向哪里，无论社会如何发展与演进，都无法忽视我们脚下的这片土地。土地就像一位慷慨无私的母亲，提供了我们需要的一切供养。在北京这片广阔的土地上，有极为丰富的物产资源，种类丰富的各类农副产品及矿产让北京的乡村充满了魅力。

农副产品类

北京地区三面环山，山区面积占全市总面积的三分之二，因此山货土特产相当丰富。

【京白梨】 以北京门头沟区军庄乡东山村生产的为最佳。这种梨皮薄、肉厚、核小，味道香甜。

【红果】 也称山楂、山里红，是一种食用兼药用的果品，含有极其丰富的维生素C和其他有利于人体健康的微量元素，有“果中钙片”之称。以房山区大峪沟和密云县银冶岭所产红果为最佳。

【核桃】 核桃有极高的经济价值和药用价值。以门头沟区军响乡灵水村所产核桃为最佳，在国际市场上享有盛誉。昌平区的望宝川村、怀柔区的花木村、门头沟区的斋堂所产核桃也是佳品。

【盖柿】 又称磨盘柿。个大味甜，有药用价值。房山区的河北沟、昌平区的十三陵、门头沟区的陇驾庄及平谷区的大华山、北寨等地为主要产区。

【密云金丝小枣】 是著名果脯金丝蜜枣的原料。以密云县田各庄所产的金丝小枣最佳，畅销国内外市场。

【良乡板栗】 产区在房山区大房山一带。此地金代前归良乡县管辖，故称良乡板栗。目前昌平区、怀柔区也有发展。

【杏】 杏的品种很多。香白杏主要产地在门头沟区龙泉务；大白杏以昌平区十三陵的产品为最佳。水晶杏是海淀区的特产。巴达杏主要产地在房山和昌平等区县。

【杏仁】 京郊俗称大扁儿。既可食用，又可入药。优良品种有门头沟黄塔乡的龙王帽，斋堂镇的柏峪大扁杏仁，延庆、昌平的北山大扁杏仁等。怀柔山区的大扁杏仁产量居全市第一。

【妙峰山玫瑰】 玫瑰是制做香精的原料，用途极广。北京门头沟妙峰山的特产玫瑰花以供应制作出口产品为主。

除了山货，北京市的其他农副产品也很丰富，产生了一些脍炙人口的品牌，但有的是一般平原作物，还有的需要简单加工才能供应市场。

【京西稻】 京西稻古代是进贡用的御用稻米，称为“京西贡米”，由具有千年历史的京西稻通过生态种植而来。京西稻原产于北京市海淀区玉泉山、万寿山地区，主要靠玉泉山水系灌溉。据历史记载，这片区域早在东汉时期已开始种植水稻，清雍正年间稻田面积有所发展。乾隆帝下江南，携回紫金箍水稻良种，在京西试种，称之御田；所产米供宫廷食用，称之贡米。目前，只有海淀上庄镇的西马坊村、东马坊村、上庄村、常乐村、西北旺镇永丰屯村及四季青镇玉泉村仍在种植京西稻。

【平谷大桃】 平谷大桃产于素有“中国桃乡”之称的北京市平谷区，主要栽培品种有大久保、庆丰（北京26号）、京艳（北京24号）、燕红（绿化9号）等。平谷大桃以个儿大、色艳、甜度高、无公害而驰名中外，深受广大消费者青睐。2006年4月，国家质检总局批准对平谷大桃实施地理标志产品保护。

【大兴西瓜】 北京大兴素有“中国西瓜之乡”的美誉，大兴西瓜早已成为京城百姓信赖的品牌。大兴西瓜种植历史悠久，在距今千年以前的辽太平年间，大兴就有栽培西瓜的记载。大兴西瓜地理标志产品保护范围为北京市大兴区庞各庄镇、北臧村镇、礼贤镇、榆垡镇、魏善庄镇、安定镇6个镇现辖行政区域。为了保证品质，国家标准明确规定了大兴西瓜的品种、栽培技术、质量要求、理化和卫生指标等。并且大兴西瓜的品种仅限于京欣一号、京欣二号、京欣三号和航兴一号。

【北京鸭】 又称填鸭，北京鸭是世界著名的优良肉用鸭标准品种。具有生长发育快、育肥性能好的特点，是闻名中外的“北京烤鸭”制作原料。原产于北京西郊玉泉山一带，现已遍布世界各地，在国际养鸭业中占有重要地位。

【柿叶茶】 有药用价值，是由小柿树7 － 10月的新鲜嫩叶制成的，具有防癌、软化血管、治疗肝炎、失眠症等功效，是平谷区大华山乡特产。

【大白菜】 古称菘，是北京居民冬季的当家菜，各郊县均生产。直到今天，很多北京居民依旧有冬储大白菜的习惯。

矿产类

北京矿产资源丰富，目前已发现的矿种共67种，矿床、矿点产地476处，列入国家储量表的矿种44种，其中煤和铁储量较大，还有金、银、铜、铅、钼和石灰岩、大理石、耐火黏土等矿产资源。

分布比较集中且分区明显是北京市矿产资源的一个重要特征。如煤矿大部分产于西山地区，全市80%以上的煤矿资源分布于京西门头沟和房山区，历史上曾是北京乃至周边地区重要的能源和建材供应基地。铁矿主要分布在东北部山区，90%以上的铁矿资源分布于密云县，有色金属矿则主要分布在北山一带，主要集中于密云县、延庆县及怀柔区。各类用途的石灰岩则分布于山区与平原交界的西部及北部山前一带。地下水、地热和矿泉水主要分布于平原区。固体矿产规模小，以中小型为主，大型及重要矿产地较少，贫矿较多且综合矿多，这又是一个重要特征。

不过，因为环境的因素，矿产的规模性开发在北京已经被极大地限制，这虽然让乡村减少了很多经济上的收益，但是却为保护环境提供了新的机遇。

在北京市的矿产资源中，最富盛名的恐怕要算房山区大石窝镇的汉白玉了。从北京故宫的太和殿云龙御路、汉白玉栏杆到天坛圜丘台；从人民英雄纪念碑浮雕到毛主席纪念堂内的毛主席坐像，采用的都是北京特产的汉白玉。这些石料都出自北京西南距离天安门70公里的大石窝镇。大石窝镇目前已经探明大理石储量2 450万立方米，其中汉白玉储量80万立方米，长期以来一直是北京市及附近其他一些地区大理石和汉白玉的重要供应基地。

北京是金、元、明、清的都城，先后有33位皇帝在此登基即位。紫禁城的宫廷建筑，以及京城的王府、四合院、皇家陵墓等使用的精美石料构筑基本上都来自大石窝。

《元史》记载，元大都设有采石局，专门负责从各地采集名贵石料，其中的汉白玉都采自房山的大石窝。到了明清，大石窝的汉白玉开采达到了惊人的速度。特别是明成祖迁都北京后大兴土木，新建皇宫、殿宇，集中了全国石匠会战大石窝，一批批汉白玉石料源源不断地运往京城或外地，持续多年。据了解，当时那些规模宏大的宫殿基座多用大石窝的大理石，尤其是汉白玉建造。另外，明清时期其他一些有据可查的古建筑，如卢沟桥、天坛、地坛、沈阳故宫、十三陵、清东陵等，所用的汉白玉石料大都取自大石窝。

走近魅力乡村

一个乡村的魅力不仅仅在于优美的环境、发达的产业、完善的基础设施、宽裕的物质生活……，更强调的是其“气质”和“个性”，即魅力。近几年，北京郊区涌现出了许多文化个性鲜明、村容景致独特、产业特色突出、乡风文明和谐的魅力乡村，培育出了一批自然环境优美、农耕文明悠久、乡村文化浓郁、民俗风情多彩的美丽田园。这些魅力乡村和美丽田园以耕读乡土文化为魂，以久远优美田园为韵，以生态循环农业为基，以古朴村落民居为形，实现人与自然和谐发展。它们不仅成为农民幸福生活的美好家园，也成为美丽北京的缩影和经典。如今，北京的美丽乡村如同一颗颗璀璨的明珠，在美丽的京郊大地上闪耀着光芒，诉说着历史过往，见证着时代变迁。

韩村河村位于房山区韩村河镇，是全国文明小城示范镇，是世界知名的中国小康村代表，是农业部美丽乡村十大创建模式——产业发展型的典型。一直以来，该村坚持发展集体经济，走共同富裕道路，通过产业带动，打造京郊第一村，成为北京西南一颗璀璨的明珠。

京郊双文明第一村：韩村河村

（北京市房山区韩村河镇）

魅力点 北京乡村都市 著名建筑之乡

这个有着“京郊第一村”美誉的村庄——韩村河，是京郊著名的建筑之乡。村内环境优雅整洁，除去冬天，整个村庄笼罩在鲜花绿树当中，到处绿树成荫、一派鸟语花香。这里交通便利，生活环境舒适，各类资源丰富，产业发达，投资环境良好。韩村河是一个名副其实的小康村，也是一个有山有水有景点的好地方。韩村河拥有京郊最大的村办公园和第一所村办大学。同时韩村河也是京郊有名的别墅区，已建成了包括民族式、欧式、美式等多种户型在内的581栋别墅楼和21门多层公寓式住宅楼，全村的别墅覆盖率已达到80%以上。来这里，不仅能让你感受到人民物质生活的飞速发展，也让你感受到韩村河村民热情好客的淳朴民风。

过去，韩村河是一个贫穷落后的小村庄，集体收入低，村民生活条件差。改革开放以来，韩村河抢抓机遇，艰苦创业，不断发展壮大集体经济，把一个村级小建筑队发展成为集建筑、房地产、建材、公路、市政、水利水电、园林古建、文物保护等多元于一体的国家特级资质大型企业集团——韩建集团。目前，韩建集团拥有22个下属公司、15个直属公司、12个子公司和100多个工程项目部；拥有资产120亿元，净资产59亿元，最高年创产值达60亿元。韩建商标被评为全国建筑行业唯一驰名商标。凭借其雄厚的实力和快速发展的势头，韩建集团始终占据着全镇经济的支柱地位，在带动建材业发展方面发挥巨大作用。

【村名由来】韩村河历史悠久，据1991年出土的墓志铭记载，可上溯到1 300年前的唐朝开元年间。到公元960年之后，北宋建国，与北方民族辽国对峙。宋辽交战时期辽国大将韩昌曾统帅大军驻扎于此，就有了韩村管界。那一时期管界西南有条河，后称为韩村河。

【基本情况】韩村河村位于北京市房山区，是韩村河镇下辖的行政村，距北京市区约40公里，是集浏览、观光、会务、休闲、度假于一体的综合旅游景区。村总面积2.4平方公里，共910户，2 700多口人。改革开放以来，韩村河村在田雄党委一班人的带领下，以建筑业起家，不断调整企业生产结构，集体经济——韩建集团全面发展，实现了村民的共同富裕。韩村河村历经11年，完成新农村建设，成为首批国家AAA级旅游景区、全国农业旅游示范点、北京市爱国主义教育基地、北京市生态文明村。2008年，韩村河村人均收入1.8万元，人均年收入加福利达3万多元，人均住房68平方米。

【旅游资源】在韩村河文明旅游景村内（国家AAA级景区）有天开寺、农家别墅、观景台、展馆、鲁班公园、采摘大棚等景点。

韩村河村依靠集体经济实力，彻底改变了贫穷落后的面貌，不断完善全村社会公益和保障事业，不断提高村民的物质、文化生活水平，走出了一条共同富裕的道路，为美丽乡村建设奠定了坚实的物质基础。韩村河新村建设完成后，又积极发展农业、旅游业、服务业。实施农业适度规模经营，投资3 000万元用于农业现代化建设，实现了农业从种到收全过程的机械化。筹建了17.3公顷的高科技蔬菜园区，可常年周期性生产各种名、特、优蔬菜，成为“国家科委工厂化高效农业示范区”。同时，在京郊农村率先组建了旅游公司，建成了集吃、住、娱乐、旅游休闲于一体的三星级宾馆——韩村河山庄会议中心，以本村“乡村都市”和观光农业为抓手开发旅游项目，每年接待游客达50多万人次。韩村河村的经济已形成以房地产业为龙头，带动一、二、三产业协调发展的新格局。如今，韩村河已由原来的“臭水沟、烂泥塘”变成了布局合理、特色鲜明、美丽和谐的花园式都市化新农村。

韩村河美丽乡村建设的成功之处在于：通过把企业做好做久来推进生态文明建设，反哺“美丽乡村”的全面发展；推进基础设施的配套建设，实施村民住宅节能改造工程，加快大型养老公寓建设，大力发展韩村河旅游产业；改造韩村河水上公园，打造一个青青草坪随处可见，湛蓝湖水触手可及，千姿百态的假山四处林立的全新公园。韩村河的“魅力”在于全村人的“顽强、拼搏、团结、创新”精神，以及对幸福生活的不懈追求。而“韩村河精神”已经融入到全村党员干部和村民的思想、工作、生活中，成为最宝贵的财富。

至此，韩村河荣获了“全国先进基层党组织”“全国文明村镇示范点”“全国农业旅游示范点”“国家AAA级旅游景区”“中国十大名村”“中国幸福村”“全国生态文化村”“美丽乡村十大创建模式”等称号，也得到了习近平总书记、李源潮副主席等国家领导人的肯定和鼓舞。如今，韩村河按照农业部创建美丽乡村的要求，把推进生态人居、生态环境、生态经济和生态文化建设，创建宜居、宜业、宜游的生态韩村河作为今后的发展目标，为实现韩村河的“美丽生态梦”而继续奋斗。

何各庄村位于北京市朝阳区崔各庄乡，是朝阳区文化创意产业集聚区之一，文化艺术气息浓郁。老北京风格的传统四合院与风格各异的画廊、会所相互映衬，构成了村庄特有的建筑景观。这里，既有果园中的高档西餐厅，又有四合院内的中式画廊餐厅；既有高雅的艺术作品，也有传统手工艺品；既有数万平方米的时尚购物中心，也有千亩有机蔬菜和特大樱桃种植体验基地。经过不断的探索，如今这里已经成为一个人与自然、城市与乡村、农民与市民、中外文化和谐相处的国际化生态艺术村落。

中西合璧：何各庄村

（北京市朝阳区崔各庄乡）

魅力点 中外文化和谐相处 京城艺术新地标

何各庄村只是北京市一个北五环边的千人小村，也许是村子太小，也许是位于城市绿隔区，在多年的时间内小村并未受到城市资本的垂青。但在村委会一路坎坷的探索后，村民们在不失土地的前提下，现在一样过上了衣食无忧的日子。

何各庄村的一个重要区位优势是与著名的798艺术园区隔路相望。大概是受到了798的艺术熏陶，何各庄村文化艺术气息浓郁，这里老北京风格的传统四合院与风格各异的画廊、会所相互映衬，构成了村庄特有的建筑景观。

多年来，何各庄村的村民们一直靠出租房屋“吃瓦片”维持生计，随着大量流动人口涌入，村庄基础设施、公共服务不堪重负。巨变在2006年拉开大幕，从这一年开始，何各庄村利用其环境、地域、区位和资源优势，按照“土地+艺术”这一全新模式建设新农村。一方面，大力引进、培育和扶持文化创意机构及人才，推动地区形成文化艺术生态集聚状态，提升土地价值；另一方面，对村落环境及村民住宅进行艺术化的设计、改造，提升文化内涵，实现创意价值。就这样，何各庄村推动了文化创意产业的快速发展，形成了一批如高档会所、特色餐厅、艺术机构等特性化改造成果，探索出“何各庄模式”。

“何各庄模式”是农村宅基地和建设用地流转形式的一种有效创新，是新形势下推进城乡结合部改革发展的一种有益探索。何各庄村的经验是在促进农民增收的过程中，不把农民简单推向市场。村委会在尊重民意的基础上，起到带头人的作用，把村民分散的民宅、土地、技术和劳动力资源统筹起来，充分发挥产业化、规模化效应，实现效益最大化。他们对民宅的改造升级，实现了宅基地流转附加值的提升，形成了一种新型物业经济，保安、保洁、餐饮等服务型企业也随之迅速成长。

这些年，作为新农村建设的示范区，何各庄村在发展绿色生态休闲区、和谐宜居村庄和文化创意产业等方面具有鲜明的特色。何各庄村

【基本情况】 何各庄村位于温榆河生态走廊北端，是北京市第二道绿化隔离带建设区。何各庄村交通便利，京密路、京承高速、机场高速南线环绕四周，顺白路穿村而过。15分钟车程内，分布着几十个高档涉外别墅区。村庄干净整洁又不乏自然肌理，70公顷园林及水系景观占了全村面积的40%，生态环境优美。村域面积1.78平方公里，常住人口1 100人，流动人口2 000人，民宅院落301户。

2007年，该村大胆引领探索以村民知情、自愿为前提，以群众增收为目的，以民宅组织化经营为主要内容的“何各庄模式”，对村庄民宅进行保护性升级改造，打造乡村四合院文化，并大力发展文化创意产业，打造国际化艺术园区。2010年，何各庄村获评“北京最美的乡村”。

【旅游资源】 该村有果园西餐厅（西方饮食文化观光）、紫云轩茶事、李唐千秋餐厅、永顺华有机蔬菜采摘园、农业主题公园、一号地国际艺术区D区、318艺术区、汉方美术馆、红砖美术馆等观光资源。

以“生产美、生活美、环境美、人文美”为重点，全方位的向国内外游客展现这里的独特风景和人文魅力。

在生态方面，何各庄村也的确拥有一些资本，这里拥有近70公顷绿化林地，覆盖了大部分村域。最为可贵的是，该村在发展经济的同时，注重保留村子的自然肌理，是近郊区少有的原生态村落。

何各庄村也是朝阳区文化创意产业集聚区之一、被誉为“中国艺术硅谷”的北京一号地国际艺术区的所在地，数十家美术馆、画廊和100多名国内外知名艺术家共同营造了浓郁的艺术氛围和休闲氛围。在这里，艺术品创作、展示、交易及影视拍摄、制作等文化创意产业构成了特色鲜明的文化创意产业体系。目前，何各庄村正在成为一个融文化创意产业、高端商务交流、都市型现代农业、文化旅游产业于一体的新时代乡村，逐渐形成一个人与自然、城市与乡村、中外文化和谐相处的生态艺术村落。

如今走在村里，胡同里时时穿行着不同肤色、讲不同语言的“洋村民”；传统的四合院，展现的却是时尚先锋的现代艺术；飘满果香的果园深处，坐落着被网友评为北京必去的十大西餐厅“果园”西餐厅。这里既有高雅的艺术作品，也有传统手工艺品；既有数万平方米的时尚购物中心，也有数百亩的有机蔬菜种植、采摘、体验基地。

灵水村地处北京西部深山清水河谷地，地势较平缓、人类活动较频繁，是京西古村落群中最具文化底蕴的一座古村落，享有“举人村”美誉。灵水村是中国北方农村天人合一的典型，也是山区历史文化型农村的典型，是一部生动诠释和反映古代“天人合一”思想的很好的“天然教材”。

京西举人村：灵水村

（北京市门头沟区斋堂镇）

魅力点 古朴的村落　天人合一的格局　深厚的文化底蕴

2012年12月，在住房城乡建设部等公布的第一批中国传统村落名录中，北京市门头沟区有6个村入选，斋堂镇灵水村就是其中之一。灵水村是一座具有千年历史的古老山村，是北方古村聚落文化的明珠，是具有深厚文化内涵的历史文化遗产。灵水村四周群山环绕，地势西北高、东南低，整个村庄呈龟形布局。村内房屋多半保留着明清时期的建筑风格，以四合院为主，各个院落因地制宜，巧妙设计，合理规划，充分利用，形成山区四合院群落。建筑形式基本为硬山清水脊，板瓦石望板，五架梁，四角硬，磨砖对缝。院内青砖铺地，街巷青石铺砌，寓意“平步青云”。门楼规制严格，建筑精良，影壁装饰华美，构思巧妙，门窗造型多样，独具匠心，题刻典雅质朴，意蕴深长，无处不显示出灵水村历史建筑、文化、艺术的灿烂与厚重。

【村名由来】灵水村的聚落总体形象像一只龟，古代传说中龟是“四神灵”之一的“玄武”。古时灵水村有72眼水井，井井有水，水源丰沛，“灵物”与“水”相配，村子因此得名灵水。

【基本情况】位于北京市门头沟区斋堂镇境内，村域面积为6.4平方公里，总人口230户，700余人。灵水村以务农为主，20世纪80年代依靠煤炭，大力兴办小煤窑，采煤业一度成为村域经济的主导产业，90年煤窑业停产关闭。煤矿业停产后，灵水村依托丰厚的文化遗产，大力发展文化旅游产业，成功打出灵水“举人”品牌。并以“京西灵水举人村”的名义，举办金榜秋粥节，开拓旅游产业。2005年11月，这座历史上著名的、具有深厚文化底蕴的京西名村，荣获了第二批全国历史文化名村。

【旅游资源】灵水村现有区级文物保护单位1处，为南海火龙王庙及戏台，在册登记文物有灵泉禅寺山门、天仙圣母庙、过街楼、马王庙、娘娘庙、八角龙池及三禁碑，另外还有35处优秀历史建筑和十几座古井。村内有几十棵古树，其中“柏抱榆”“柏抱桑”“雌雄同株”等千年古树堪称北京一绝。在非物质文化遗产方面，灵水村京西太平鼓被列入国家级非物质文化遗产项目，举人节、秋粥节、蹦蹦戏、转灯节等列入区级非物质文化遗产项目。北京有燕京八景的说法，灵水村也有“灵水八景”，现在说的八景主要是：东苓石人，南堂北眺，西山莲花，北山翠柏，柏抱桑榆，灵泉银杏，举人宅院，飘雨山庄。

灵水村是中国北方明清时期乡村古民居村落的典型代表，在辽代已具规模，保存下来的老宅院多为明清经济文化繁荣时期的。灵水先人以“风水”理论择地建村。整个村庄处于群山环抱之中，围合封闭，附阴抱阳，藏风聚气，东进西收，前罩抓髻山，后靠莲花山，依山泉而建，水绕村而流，构成了“天人合一”的自然格局，体现着灵水先人选址建村的“人的本体文化”，是先人留下的一份农村建筑的历史文化遗产。

灵水作为京西古村落群中最具有文化代表性的古村落，集合了古代科举文化、士大夫文化、商文化、宗教文化、风水文化、古建文化等多种文化。

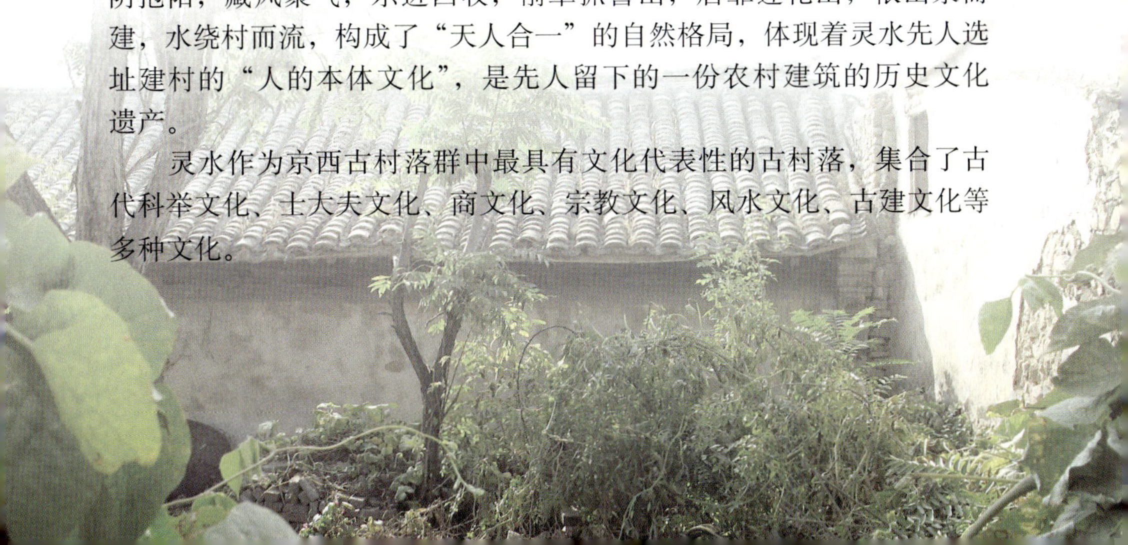

举人文化

举人文化是灵水古村文化的核心文化。灵水村村民自古以来崇尚教育，读书风气浓郁，古代出过举人，近代出过学子，以“举人文化”而扬名，是乡村文化的典范。据记载，此村曾考取过22名举人，2名进士。民国时期，这个小村落曾走出过6名燕京大学的学子。“名举”刘增广等，为灵水村赢得了“京西灵水举人村”的美誉，由此产生了惊世骇俗的“举人文化”。举人文化不仅造就了世代乡村的“士大夫”风情，也影响了灵水村的一方土地和民风，构成了灵水村宅院独特的民居建筑风格。古村落中生生不息的民居成为一种诠释过去特定生活方式和习俗的活的历史。灵水举人文化是中国北方封建社会乡村文化达到顶峰的典型范例。

宗教及儒家文化

宗教及儒家文化是灵水古村文化的重要组成部分。佛教、道教、天主教，以及儒家文化共同扎根在这个深山古村之中，并和睦融洽，相互间交流碰撞，最终创造了灵水村独具风格和魅力的文化特色。灵水村寺庙众多，有佛教的灵泉禅寺，儒家的魁星楼和文昌阁，道教的龙王庙、娘娘庙，还有邻村桑峪村建于元传二年的天主教堂。这种不同宗教、文化在一个地方集中出现的案例，在中国北方乡村还是极为罕见的，可推测当时其文化开放、信仰自由的民风。

传统民俗

传统民俗是传统文化的一个组成部分。灵水村民风淳朴，“秋粥节”、正月十五的“九曲黄河灯”、地方小梆子戏都别具特色。尤其是为纪念清末刘懋恒捐谷赈灾善举，灵水村每年立秋举办的“秋粥节”，已成为感悟先人“中举之道”的一种方式。清朝时旱灾水灾比较多，有一年大饥荒，村里的大户举人、知府刘懋恒拿出自家粮食熬粥助村民度日。后来，村民觉得这个办法挺好的，可以增进邻里间的感情，就这样每到立秋的时候，大家在主要街道上一起买米凑锅，熬粥、分食。此外，蹦蹦戏等也在灵水村广为盛行。

沿河城村地处西部深山峡谷，坐落在永定河畔，是人与自然和谐相处的典范。由于拥有独特地形、地貌和资源，因此成为古代军事重地。作为古代边塞，也是农耕文化及游牧文化的交错地，具有良好的生态与文化积淀。沿河城是国家级文物保护单位、内长城的重要组成部分。这座建于明代万历年间的边关古城堡，是北京乃至华北地区现存不多且保存最好的石头城，号称“华北第一城”。以沿河城为中心的明代军事防御系统具有重要历史价值，沿河城是明代所建京西边防军事城池中保存最为完好的一处，其在军事城池向民间聚落演化过程中具有典型意义。

古老的城池之村：沿河城村

（北京市门头沟区斋堂镇）

魅力点　京西山水古城　古老的城池之村

今天的门头沟区沿河城村，在古代却是一座城，然而并不是普通的城，在明代这里是一个屯兵要塞。沿河城东西长约420米，南北长约300米，有东西二门，东门名万安（已被拆除），西门名永胜，均为砖石结构。城墙用条石和鹅卵石砌筑，可惜现今大部城墙已经塌毁。不过，通过遗留下来的陈迹，我们依旧可以了解其当年的风貌。周长约1 100米的沿河城一面呈直线，其他三面因山势而建。城址选建在永定河畔，反映建造者颇费心计，这里凭借天然地势，具有极强的防御能力。

【村名由来】沿河城金代就已经成村，历史悠久，因地处几条山沟流水汇入永定河入口处，曾名三岔村。早在永乐四年就设有守御千户所驻防，改名“沿河口”。明景泰二年由卫所调官员把守，隶属马水口守备管辖，嘉靖三十二年改设沿河口守备。明万历六年建方形城堡，这座军城依山傍水，地势险要壮观，东西设城门，南北设水门，名沿河城。

【基本情况】沿河城村为门头沟区斋堂镇所辖行政村，位于斋堂镇北部，村域面积较大，西与沿河口、王龙口、龙门口等多个村接壤，南与林字台村相连，东为雁翅镇，北为向阳口村。地域面积32平方公里，现有576户，人口1 137人，近些年人户分离严重，常住人口不足300人。村集体经济薄弱，近几年享受国家政策，村民主要从事养山就业，由于地处深山区经济发展一直很缓慢。

【旅游资源】沿河城村历史文化资源丰富，城墙、城门和城外敌台均为北京市级文物保护单位。现古城格局和戏台保存完好。目前村里还有多处旧宅院，格局保存也比较完整。还有柏山寺、老君堂等。

沿河城的主要建筑材料取自于当地的石材，建筑工艺精湛，经历400多年的风霜洗礼仍旧屹立不倒，是北京市乃至华北地区唯一的一座石头城。城中原有三街六巷七十二条胡同，现在尚存前后街。关城内还

建有大、小校场，衙门官署和圣人府等机构设施。与此相对应，在永定河的北岸还修筑两座敌台，为关城的前哨阵地，并与之构成犄角之势。现因修建公路，敌台已不存，只留有部分基址供人凭吊。

另外，此城辖有分布于沿河口、龙门口、黄草梁、洪水口一线长达40公里山巅或险隘处的敌台16座，其中3座已毁。这些敌台筑于明万历元年（1573年）至三年。分上下两层，高约15米，宽10米以上。底层用石条铺砌，墙身砌砖；上层周围有垛口，上下层之间有梯相通。敌台之间有的虽无城墙连接，但能凭地形居险，彼此呼应，形成一道连续性的防线。

在明代，沿河城隶属于紫荆关，总归于九镇之一的蓟州镇管辖，是护卫京城的一个重要关隘，具有战略地位。

根据史料记载，沿河城于明万历六年由当时的副都御使张卤提议修建，建成后驻兵两三千人。其地最初为千户所，以后相继发展成为守备坐镇和总兵指挥。由于沿河城等级较高，高于千户所，又处交通要地，促进了人口集中和工商业的发展，城内多建衙、仓、庙、堂、店、铺等，已经具有区域中心聚落的特征。据了解，沿河古城建成后，随着商旅文化的带动，城内商业文化也变得繁荣起来，城内有便宜坊、刺绣坊、铁匠铺、驿站、戏楼、酒馆、当铺等诸多明清时期的商业设施。

在历史的长河中，沿河城屯兵、屯田聚落与驻兵、移民运动相伴，原属地文化与本地文化的逐渐交融，形成了特殊文化。不少学者认为，沿河城对于研究军事城池向民间聚落的演化过程具有典型意义。如今，这些已经成为北京市极为重要的乡村旅游资源。

村落文化和优美的自然山水文化也是沿河城村的另一个特色，它们已经成为沿河城古城文化的组成部分。由于有了数百年的历史，沿河城也就积累了丰富的人文资源，比如沿河城地区保留着许多的石碑、石刻就是典型代表。因为沿河城地处门头沟深山区，这里自然环境优美，永定河绕城而过，原始的河道拥有最为自然的气息，而天然大峡谷更增添了这一地区的神秘感。

对沿河城村而言，当前最为重要的是如何利用这里以沿河城为代表的军事文化陈迹以及丰厚的自然资源，这也是村庄焕发新生命力的关键所在。

留民营生态村位于北京市大兴区长子营镇内，该村以生态农业而闻名于世界，被称为“中国生态农业第一村”，被联合国环境规划署授予“全球环保五百佳”之一，同时也是全国第一个生态农业系统工程建设试点村。

生态农业第一村：留民营村

（北京市大兴区长子营镇）

魅力点 **中国生态农业第一村 环境友好新农村**

留民营是中国生态农业的拓荒者，是当之无愧的“中国生态农业第一村”。多年来，留民营村在保持粮食生产的同时，以畜牧业为突破口多元发展、循环发展，成为粮、菜、果、蛋、肉、奶和苗圃的产业格局。该村充分利用现有资源先后办起了蛋鸡场、猪场、牛场、饮料厂、食品加工厂、青圃公司、特色菜基地等企业，通过一系列的产业结构调整，不仅经济效益大幅度增加，也成为我国生态农业发展的重要样板。

【村名由来】 明永乐年间由山西移民迁入而成村，最早曾称柳木营，后称流民营，清朝时谐音改留民营。原属东安县，清乾隆年间划归大兴县。

【基本情况】 位于北京市东南郊，大兴区长子营镇境内。20世纪70年代之前，留民营是有名的贫困村，后来在村支书张占林带领下大力发展生态农业，开发新能源，逐步致富。1982年，北京市环保局和市沼气办公室选定留民营村进行生态农业试点。1984年加入联合国“人与生物圈”研究计划。1986年被联合国环境规划署正式承认为中国生态农业第一村，同年被联合国环境规划署命名为“全球环境500佳”村庄之一。村域总面积约146.7公顷，常住人口981人，人均年收入16 000元。荣获了“全国绿化美化千佳村”“市级民俗旅游村”“北京最美的乡村”“中国生态文化村”“中国幸福村”等称号。

【旅游资源】 该村拥有千人饺子宴、生态庄园、有机农业示范区、能源转换站、生态农业科普公园、垂钓园、风情家园、农民培训中心、旅游接待大厅等特色旅游资源。

留民营生态农业的主要特点为：一是以种植业为基础。在生态系统中，大循环的起点是绿色植物，整个生态系统的产生源于绿色植物生产的流量。二是以再生能为主要动力，不单纯依赖化工、石油能源，主要包括太阳能的利用和生物能的开发利用两个部分。它们相互补充，形成一个不同时空分布的多层次和多形式的新能源利用网络。留民营村的生态农业取得显着成效，很大程度上得益于村里的沼气工程。留民营沼气站七村沼气联供工程是北京市第一个真正意义上的多村联供沼气工程。该工程不仅开创了沼气一站供多村的先河，而且起到了便于管理、减少占地、节省人力资源、节约成本的示范效应。

纵观留民营生态农业建设过程，总结其建设途径如下：

路径一：生产结构的调整。

留民营村通过改变原来单一的生产结构，开展多种经营，以种植业为基础，提高了畜牧业的比例。生态农业建设中，畜牧业的发展起着重要的作用。从生态角度来看，动物能把人类不能直接利用的绝大部分植物化学能存储于动物体内，大大扩充了人类能够直接利用的生物量，且禽畜的粪便可作为有机肥还田促进种植业的发展。从经济角度来讲，畜牧业又将价值极低的牧草、秸秆等转化为经济价值高的蛋、肉、皮毛等。

路径二：新能源的开发利用。

能源的合理开发利用是生态农业建设的核心，生态农业系统中能源的开发利用包括提高太阳能利用率和生物质能的转化利用率。留民营村的太阳能利用包括太阳灶、太阳能热水器、太阳能采暖房等，生物质能利用主要以沼气为主，通过沼气池的改变，如改变投料比，提高了产气率和延长了使用时间，节省了对矿物燃料的需求，减少了农民开支，也净化了环境。通过太阳能和生物能利用相互补充，再配合使用节柴灶，使生活用能基本得到了解决。

路径三：农业有机废物循环综合利用。

在原有家用沼气池的基础上，通过改造升级，完善了家庭规模型的综合利用模式，形成了一个畜禽（鸡、鸭、兔）—猪—沼气—菜（花）的庭院良性循环系统。

多年来，留民营的生态农业建设，将生态学原理与经济发展相结合，将生产发展、新农村建设和农村生态环境保护相结合，特别是将生态学的能量流、物质流，系统平衡原理与经济学的价值流原理创造性地应用于生产和环境保护的实践，实现了社会、经济、生态效益三者相统一和可持续发展，受到国内外的高度评价。

【生态农业文化】 20世纪80年代初，“生态农业”这一术语被叶谦吉教授提出，之后全国各地开始逐步探索，其研究和实践逐渐活跃起来。温家宝总理指出：“现代化的农业应该是高效的生态农业”。我国自古就有保护自然的优良传统，并在长期的农业实践中积累了朴素而丰富的经验，而根植于中国的传统文化和长期实践经验的生态农业文化，传承了故有的系统、协调、循环、再生的思想，生态农业文化的保护与开发对于我国传统文化的传承、现代农业的发展、新农村建设以及和谐社会构建均有重要的现实意义。

与此同时，留民营村在生态农业文化的挖掘和发扬上作出许多努力。

（1）依托自身优势和特色，开展生态农业文化旅游。留民营凭借其优美的生态环境，独特的生态农业发展模式和民俗风情文化，成功塑造了“中国生态农业第一村”的品牌。为了更好的保护与开发生态农业文化，留民营村积极开展了生态农业观光和民俗旅游，20多年来吸引了世界138个国家和地区的游客，成为集种植、养殖、采摘、垂钓、烧烤、住宿、农业观光为一体的高科技民俗旅游度假村，生态效益和社会效益都很显著。

（2）完善的设施和功能布局为留民营生态农业文化进一步开发奠定基础。留民营村是北京市最早开展民俗旅游的村落，已形成合理的功能布局、完善的综合服务设施。目前已建有生态农业观光区、民俗旅游观光区、无污染旅游制品工业区、沼气太阳能综合利用示范区、乡村公园别墅体验区、全国蒲公英农村文化园、动物园、国际生态学术研究交流培训中心、农业公园、农具博物馆等。生态农业、高科技农业基础良好，基础设施与服务设施完善，已形成生态农业文化品牌。

（3）传承和发扬当地民俗文化，增强旅游吸引力和区域竞争力。留民营生态村还有独具特色的旅游产品——“千人饺子宴”。“千人饺子宴”已经持续30多年，与留民营生态农业发展之路有着同样长的历史，延续着村里公社化的集体制传统。该宴会已成功举办32届，每年除夕夜会吸引一批游人前来参观，在北京具有一定的名气。

门头沟妙峰山镇樱桃沟村就是充分利用当地传统品种资源和地域优势，大力发展樱桃特色产业，打造唯一性的特色农产品，是北京山区特色农业资源开发的成功典范。樱桃沟村以优美的自然环境、悠久的农业历史、农游一体化发展、发达的特色农业彰显了新农村特有的魅力。

妙峰山下一颗明珠：樱桃沟村

（北京市门头沟区妙峰山镇）

魅力点 妙峰山下百年古村　一枝樱桃满眼春

樱桃沟村地处北京西部浅山区，是依托农业资源发展特色农产品的成功典范。如今，品种丰富的樱桃，现代化的别墅民居，遍布屋顶的太阳能采暖管，清洁整齐的街道，花草绿树点缀的优美环境成为了樱桃沟村的标志。

樱桃沟村清代称“寺底下”，其因辽代著名皇家寺院——仰山栖隐禅寺雄居村中的莲花峰而得名。仰山栖隐禅寺金碧辉煌，高僧辈出，金代成为皇家青睐之地。金章宗完颜璟赐诗刻碑曰：“金色界中兜率景，碧连花里梵王宫，鹤惊清露三更月，虎啸疏林万壑风。”金元时期寺外僧塔，多达800余座，为当时北京地区最大的塔林。尽管寺院经历千载数遭难，但残垣断壁、石刻、碑碣、古塔、药碾、辽砖无不应证仰山栖隐禅寺往日的辉煌。

【村名由来】 樱桃沟村地处著名风景区妙峰山下，因盛产樱桃而闻名。该村清代称“寺底下”，后来因有300多年的樱桃种植历史，故名樱桃沟村。

【基本情况】 妙峰山镇樱桃沟村位于门头沟西北部，距市区55公里，临近109国道，村域面积9平方公里，现有村民98户、235人。该村自1993年开始栽种大樱桃，面积已由当初的十几亩发展到现在的60多公顷，品种包括红灯、大紫、那翁、先锋、雷尼等。目前全村樱桃实施科学标准化的管理，加上本地区特殊的小气候环境，使其成为北京市首批“唯一性”优质农产品。2012年，全村年经济总收入1 750万元，年人均纯收入1.6万元。樱桃沟村在2007年度当选为“北京最美农村”，2008年被评为“首都绿色村庄”。2010年，樱桃沟村被批准为北京农村旅游八大特色业态——采摘篱园。

【旅游资源】 该村地处京西生态旅游区“金顶妙峰山”脚下，名胜古迹众多，有建于唐代的皇家寺院仰山栖隐禅寺，末代皇帝溥仪的英文教师庄士敦的私人别墅等。

经过多年的发展，樱桃沟村已经成为一处集名人古迹、樱桃采摘、池塘垂钓、民俗观光、科普教育于一体的旅游观光农业园区。在这里不仅可以品尝到最美的樱桃，还可以感受到最自然与淳朴的乡村气息。它依托自身独特的自然地理环境，以及地处妙峰山风景区这一地理优势，结合当地几百年的樱桃栽培历史，以高科技为支撑，采用市场化运作模式，发展唯一性特色农产品，走出了一条致富之路。

樱桃沟村现有大樱桃60多公顷，品种包括红灯、大紫、那翁、先锋、雷尼、美早、拉宾斯、芝罘红、黄蜜、红蜜等60多种。这里的樱桃成熟期为每年的5月下旬至6月下旬。每年的这个时节，樱桃沟村也就迎来了最为热闹的时刻，到这里采摘樱桃，已经成为北京市民的一种重要休闲方式。

樱桃沟村地势北高南低，自然形成山前暖区小气候，形成了270 ~ 500米之间的逆温层，气温相对较高，无霜期达200天，年降水量300 ~ 600毫米。樱桃树多种植在阳坡，夏季这里的温度不是很高，但光照很强，昼夜温差比较大，非常有利于树木积累养分和樱桃果实成熟。冬天温度又不会过低，从而使樱桃树不至于发生冻害。另外，这里的土层比较厚，形成的自然土壤含有极丰富的矿物质。这里的水源也多为含有矿物质的山泉水，对樱桃的生长也特别有利。好山、好水、好土、好气候使这里的樱桃具备了得天独厚的自然条件，因此果实风味极佳。

樱桃沟的樱桃果实个大，色泽鲜艳、晶莹，口感特别甜润芬芳，果肉多汁，富含多种微量元素，已经成功走向高端水果市场。这里产的樱桃每千克能卖到240元，高的达到480元，平均比市场价高出200多元。樱桃沟的樱桃之所以能占领高端市场，形成唯一性产品，不仅立足于其独特的气候、地理环境等优势，还与准确的市场定位和良好的市场运作紧密相关。

20世纪90年代初，樱桃沟村利用资源优势恢复樱桃种植，在进行详细的市场调研的基础上，引进了多个欧洲大樱桃品种。同时，依托北京市农科院、农学院等农业科研院所的科技力量和专家资源，在种植技术、田间管理等方面接受专业的、科学的指导，从而让这里的樱桃种植

走向科学化和产业化。在发展的过程中，樱桃沟村全力打造樱桃品牌，他们坚持标准化示范区建设，为特色农业发展提供保障。2000年樱桃沟村为大樱桃注册了“妙樱”商标，并在2005年经中国绿色食品发展中心认证为“绿色食品”，走上了品牌化道路。另外，村里还建起了大樱桃标准化示范基地。

为了朝着都市型现代农业方向发展，近年来樱桃沟村在观光旅游建设上做文章，他们设置了多个景观和人性化设施，从而吸引游客和方便游客。这里还建成了新颖独特，曲径通幽，环境优美，趣味性强，内有小桥流水、亭榭凉廊，集观光采摘、旅游、休闲、科普教育于一体的樱桃植物园，已成为国家级观光园区。

现在的樱桃沟村，以其优美旖旎的自然风光、源远流长的历史文化、和谐宜居的生活环境、蓬勃发展的新农村事业，成为京郊备受瞩目的综合性农业新村。该村于2007年被评为“市级生态文明村”和“北京最美乡镇”。

珍珠泉村位于北京市延庆县珍珠泉乡，地处燕山山脉南部、延庆盆地最东缘，这里山美水秀、环境整洁、乡风文明、邻里和谐。该村是延庆“四季花海”沟域的组成部分，其以自然山水为依托，大力发展种植、养殖及旅游业促进农民增收，并在用花卉营造大地景观的基础上，扩种花卉用色彩强化扮靓山川，也营造出了风景秀美、独具特色的田园风光。

最美田园：珍珠泉村

（北京市延庆县珍珠泉乡）

魅力点 百年珠泉犹喷玉 四季花海竞飘香

珍珠泉村地处燕山山脉南部、延庆盆地东缘，也是珍珠泉乡政府所在地。这里四面环山，依山傍水，环境优美，其中最为著名的就是被称之为“珠泉喷玉”的珍珠泉。

珍珠泉方圆十余丈，水深八九尺，泉水清澈甘甜。从泉底翻上来的层层水花像串串珍珠，阳光下五光十色，好看极了。该泉位于珍珠泉乡政府西南200米的菜食河畔，泉水春夏秋冬终年涌出不断，日出水量近千吨，是菜食河水源之一。泉水质地为重碳酸钙——镁型矿泉，水中富含二氧化碳气体，形成串串气泡，泉外稍有震动，气泡随即增多，顿足猛蹬一下地面或高喊一声，气泡从池底喷涌而出，犹如万珠滚动，争相而上，呈现“珠泉喷玉”的奇特景观。“珠泉喷玉”在明清时代曾是延庆八景之一。

【村名由来】 相传明成祖朱棣北征时路过此地，正值三伏，暑热难耐，明成祖下令就地掘井。没挖多久，泉水喷出，水质清澈甘甜，而且在水中还升起了一串一串的气泡，就像晶莹的珍珠。明成祖看到这情景，不由赞叹了一句：“此乃珍珠泉也”。珍珠泉因此得名，这个村庄也就被叫做珍珠泉村了。

【基本情况】 珍珠泉村位于北京市延庆县东北部山区，是珍珠泉乡下辖的行政村，距县城50公里，距北京市区90公里，是“四季花海”沟域的一部分。区域内交通便利，四宝路穿乡而过，经苍米古道与百里山水画廊形成旅游环线。村域面积约40公顷，全村人口572人，农业人口486人，人均纯收入约1万元。珍珠泉村生态环境优良，水、空气质量均为一级，森林覆盖率89.44%，平均海拔600米。境内山多、谷密，属于深山区。珍珠泉是延庆八景之一。该村经济以民俗旅游业、绿色农业为主。该村先后获得“北京市健康促进示范村”“北京市卫生村”“北京市乡村民俗旅游接待村”等光荣称号。

【旅游资源】“珠泉喷玉”主题公园、留香谷香草园、片石花卉公园。

近年来，珍珠泉乡围绕“珠泉喷玉”景点，重点建设了珠泉喷玉主题公园、留香谷香草园、片石花卉公园三大花卉园区，通过营造大地花海景观，全力打造知名的婚纱摄影外景基地、浪漫庄园。其中，珠泉喷玉主题公园主要由珠泉喷玉、各种特色花卉种植区及中心雕塑三部分组成。该公园内还种植了各种特色香草花卉，马鞭草、薰衣草、波丝菊、紫苏、醉蝶花、麦秆菊、小丽花、万寿菊、千日红等在园中争奇斗艳。花丛中阡陌相间，人行其中，到处是嫣红姹紫，暗香浮动，令人心旷神怡。公园中心建有红色花朵雕塑，竞相怒放，远远看去，犹如熊熊燃烧的火焰，充满了热情与活力。因为

“近水楼台先得月”，珍珠泉村则成了珍珠泉乡这些大手笔造景最为直接的受益者。

珍珠泉村的养鸭业也很有名气。据延庆县志记载，珍珠泉的咸鸭蛋以前很有名气，曾经是皇宫贡品。上百年来，珍珠泉的村民们就利用有利的自然条件养鸭。白天，鸭子在河里自由自在地游水，寻觅小鱼小虾，晚上回到窝里，吃一点儿玉米、高粱等杂粮，产出优质的鸭蛋。村民们取来天然的矿泉水，用几代人传下来的方法腌制出咸鸭蛋。与普通的鸭蛋相比，珍珠泉的鸭蛋蛋黄大、颜色鲜艳，吃起来鲜嫩适口，是老少皆宜的纯天然食品，获得了广大消费者的认可，购买的人络绎不绝，大大拓宽农民增收渠道。目前，珍珠泉村的养鸭总规模大约2 000只左右。珍珠泉乡正在计划充分利用当地的自然条件，建立养鸭小区，在河水能够承载的前提下大力发展养鸭业，形成蛋鸭饲养、鸭蛋加工及销售一条龙，进行鸭蛋产业化生产。

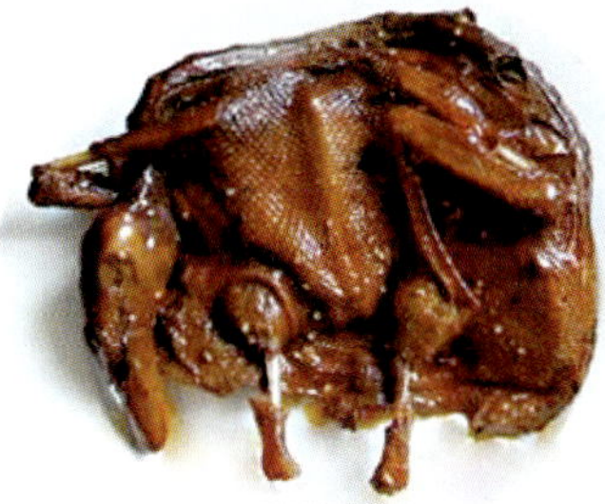

此外，珍珠泉村林业资源丰富，山杏、板栗、菌类、野枣较多，这里的菜食河也是天然的垂钓区，因此备受游客青睐。

依据延庆“四季花海”的沟域整体规划，这些年珍珠泉村整合资源，根据自身实际，以种植花卉和发展绿色养殖为主导，大力推进民俗旅游产业的发展。该村2003年被评为“北京市乡村民俗旅游接待村”，现在有30多户从事民俗旅游接待，日接待能力可达800人。

康陵村位于昌平区长陵镇中部，世界文化遗产十三陵区域内，依明朝正德皇帝的陵园而建，整个村庄是一座方形的古城堡，城墙基本保存完好。到了康陵村，其名声大噪的春饼宴也不得不尝。该村是乡村特色饮食开发的典范，“康陵正德春饼宴”是本村的特色名片。

特色美食村：康陵村

（北京市昌平区长陵镇）

魅力点 京郊特色美食　正德春饼宴

康陵村四面环山，村南是原始松林，村西就是康陵，村北是农家菜地，村子周围都是果林。村子被古老的康陵监墙所围，这圈明朝砌的青砖墙，虽然不高，但却是很厚实的“古墙”。

康陵村子四季如画，春夏季节，“二月二，品春饼”，春风袭袭，游人如潮；夏日炎炎，浓绿丛丛，凉意胜胜；秋冬季节，坐看红叶阵阵，远听松林滔滔；等到冬日银装素裹时，则是惟余莽莽。

【村名由来】康陵村，自古就是一座方方正正的没有“炮楼”的城堡，这里“先有康陵后有村”。康陵建成后，因有“陵监”率众在此守陵而逐渐形成了一个村庄，现在的绝大部分村民都是守陵人的后代。

【基本情况】康陵村位于十三陵世界文化遗产内，距北京市区45公里，交通便利。村域面积170多公顷，其中山场100公顷，村内总户数76户，其中民俗接待户45户。整个村庄被包围在一个由众多明朝烙印的边长为163米的正方形砖混监墙内。村正中央有一棵800多年的老银杏树，村监墙北有一对500多年的夫妻槐，枝繁叶茂，皆为国家一级保护树木。从2008年开始，村民们开始经营起了春饼宴的营生。经营“正德春饼宴”的近30个农户年收入都在10万元以上。为此该村2007年被评为昌平区先进民俗旅游村，2008年被评为市级“生态文明村”。

【旅游资源】正德春饼宴，康陵，原始松林，古树，果园。

康陵村因明康陵而广为人知晓。明康陵位于昌平天寿山陵区莲花山东麓，是明朝第十位皇帝武宗朱厚燳（1491—1521年，年号正德，14岁时继承帝位，在位16年）和皇后夏氏的合葬陵墓，至今已有500余年。建陵用时1年，总体布局沿袭前制，呈前方后圆形状。康陵是目前发现的十三陵中砖碑铭文最多的一个陵。该陵建于正德十六年（1521年），占地2.7万平方米。

康陵村的“春饼宴”远近闻名，而这和正德皇帝还有着历史渊源呢。据历史记载，“春饼”就是明朝那位爱好旅游的正德皇帝推动的，正德皇帝每次出游时带食物很不方便，吃到春饼后，大为欢喜，吃着方便又好吃，从此出游时就以吃春饼为主。

康陵村地处康陵监墙之内，数百年来，世代相传，继承了正德春饼的制作方法，选料精美，既保留了北方风味，又继承了淮扬的精神，是正宗的正德春饼。

康陵的春饼薄若蝉翼、纯白无暇，它是一种烫面薄饼——用

中国民间风俗，在二月二这天，家家户户都要吃春饼，立春吃春饼是中国一种古老风俗，称之为“咬春”。春饼是一种用面粉烙成的双层荷叶薄饼，可以从中揭开成为两层。然后在薄饼面上涂上甜面酱，卷上葱丝、绿豆芽炒肉丝、酱肘子片等。春饼的特点是薄而软，味道非常适口，吃着更是顺味，因为饼卷好各种菜后就像一个圆盒子，所以也把这种食品称作“盒子菜”，有句俗语说“盒子菜样样有，五谷丰登好年头”。春饼发展到今天，形制随地而异，食用时间也因地而别。有烙制、也有蒸制；或大如团扇，或小如荷甲。

两小块水面，中间抹油，擀成薄饼，烙熟后可揭成两张，用来卷菜夹肉吃。昔日，吃春饼时讲究到盒子铺去叫“苏盘”（又称盒子菜）。盒子铺就是酱肉铺，店家派人送菜到家。盒子里分格码放熏大肚、松仁小肚、炉肉（一种挂炉烤猪肉）、清酱肉、熏肘子、酱肘子、酱口条、熏鸡、酱鸭等，吃时需改刀切成细丝，另配几种家常炒菜（通常为肉丝炒韭芽、肉丝炒菠菜、醋烹绿豆芽、素炒粉丝，摊鸡蛋等，若有刚上市的“野鸡脖韭菜”炒瘦肉丝，再配以摊鸡蛋，更是鲜香爽口），一起卷进春饼里吃。

随着时间流逝，现在已经没有了过去吃春饼的讲究和繁琐，而是推陈出新简化了“春饼宴”，创建具有康陵特色的“明文化旅游产业链”。春饼宴形式上以大众口味为主，价廉物美。辅以十数种如豆芽、豆腐丝、小葱、黄瓜、野菜、酱肘子、香肠、鸡肉、鱼肉等，挑几样爱吃的然后以春饼一卷，大快朵颐。康陵村的正德春饼宴也由此红火起来，远近闻名。为了保护康陵特有的“正德春饼宴”这个来之不易的民俗文化旅游产品，康陵村在工商局注册了“正德春饼宴”商标。昌平区政府在康陵村口树立了一块书写着“康陵春饼宴”的高达5米的花岗岩巨石，成为昌平明史文化旅游一景。

当然，去康陵村不仅仅只是吃“春饼宴”，康陵村四面环山，环境优美，村西的古松林有当年《江姐》的拍摄基地、皇陵倚靠的莲花山以及柿树满山的大西坡等自然环境不仅是村民们世代生活的骄傲，也是吸引游客的亮点。近些年来，康陵村十分重视对这些自然环境的保护，并且努力使它们以最原始、最自然的一面呈现在游客面前。

康陵村的酸梨历史悠久，因为水土适合酸梨的栽培、成长，其味道纯正，口感好，是老百姓非常喜欢的一种传统果品，而且食用酸梨还有软化血管的作用。

结　束　语

让北京的乡村之美照耀中国

《美丽北京之魅力乡村》出版了，它不仅是一本介绍北京魅力乡村的科普图书，也是让人们了解中国积淀丰厚的乡村文化的一座桥梁，是启迪我们该以何种方式和思路进行乡村建设、改善农民生活的一本科普读物。

今天，我们将视野投向中国广大的乡村，不仅仅因为乡村是我们心灵的故乡，在实实在在的现实世界中，乡村对于中国具有举足轻重的作用和意义。纵观中国历史的发展进程，在相当长的历史时期中，以乡村为根基的农业都是中国发展的根本和前行的动力。

进入近代社会尤其是现代社会以后，随着工业革命和信息革命的发生，中国也开始在阵痛中打开古老的大门，追随着世界先进国家的脚步，一步步走向依靠现代大工业的全新发展道路。但是，我们也在环境和生态方面付出了高昂的代价。

尽管农业依旧是我们国家的根本所在，但伴随着城市化浪潮的兴起和推进，城市的数量越来越多，城市规模也越来越大，大量的农村人口涌入城市。越来越多的乡村趋于萧条和没落，无数古老的建筑或其他历史陈迹要么在破败中走向消亡，要么被人为拆毁。一些在乡村中绵延数百年、甚至千年以上的民俗及其他一些优秀乡村文化遗产也面临着后继乏人的境况。在和城市毗邻或者靠近的一些乡村，不是城市兼并或者吞噬了乡村，就是乡村在城市生活方式的冲击下陷入了迷茫。对这些迷茫的乡村而言，一个不可忽视的事实是，它们在吸收城市的一些先进文化和生活方式的同时，也在接受一些糟粕，把本来属于自己优秀的物质文化遗产及非物质文化遗产逐渐抛弃。近些年来，随着新农村建设的进行，这种局面变得更加让人忧虑。

从国家的层面而言，我们新农村建设的方向并不是要走这样的道路。新农村建设不是圈地运动，也不是乡村生活的完全城市化与现代化。在一些地方，为了统一规划或者发展工业的需要，具有民俗特色的老建筑被拆毁，居民统一住进现代化的钢筋水泥楼房，也有大量村民抛弃了自己本来完好的古老民居，将自家的建筑改成完全城市化的样式，这在实质上是已经变了味儿的新农村运动。

为了增加农民的收入，改善农民的生活，新农村建设无疑是具有战略意义的。但需要强调的是，我们的新农村建设，是在不破坏乡村优秀物质文化遗产和非物质文化遗产基础上开展的新农村建设，是让农民生活得更加美好，而不是让他们与乡村的优秀传统彻底决裂。我们的很多乡村，经过千百年的历史沉淀，已经形成了丰厚的文化基础，这些文化遗产是乡村最为宝贵的财富。我们的新农村建设，就是要将其传承好和利用好，而不是将其破坏和遗弃。

遗憾的是，这样的事情近些年来在广大乡村不断上演。我们的很多乡村在新农村运动及现代化的浪潮中默默流泪和哭泣。尽管这些年越来越多的有识之士开始加入到保护乡村优秀文化遗产的队伍中来，可杯水车薪，保护远远赶不上破坏的节奏。

对很多被破坏的乡村而言，也许在不久的将来，生息于此的百姓会醒来，当地的政府也会醒来。但醒来了又有多大的作用呢？乡村的优秀文化基础及其遗产是千百年来的积累和沉淀，它们的深度和厚度，绝不是一朝一夕就能恢复得了的，更何况有些文化遗产破坏或者灭失了之后根本就不可能恢复。因此，在正确的方向上进行新农村建设，并改善乡村落后面貌及乡村居民的生活，就变得至关重要。这也是编撰《美丽北京之魅力乡村》这本书的重要意义之所在。

首都北京是个正在走向国际化的大都市，作为中国的首善之区，多年来，北京市在科技、文化、教育等多个方面一直引领和带动全国的发展。同时，北京也拥有为数众多的乡村，这些年，北京市的多个乡村凭借首都的区位优势，发展优势产业，让自身脱颖而出。或者充分挖掘自己的文化基因及遗产，让乡村在文化传承中焕发出新的生命力。或者因地制宜，运用现代农业科技，以环境友好的方式大力发展特色果蔬、花卉、养殖及多种粮食作物，并大力培育现代都市型生态观光农业。或者紧跟城市的脚步，利用自己在地理上的便利性及生态环境的优越性，发展成有别于城市、依旧能够保留乡村自然气息的现代生活形态与经济发展方式。这些乡村就像京郊大地上的一粒粒美丽珍珠，用不同的方式展现自己的乡村魅力。

北京是美丽的，美丽不仅仅在于都市，也在于都市四周一个又一个美丽的乡村；北京也是充满魅力的，她的魅力也来自这些乡村。不过时至今日，很多人依旧没有充分关注到来自北京乡村的美丽和魅力，不管是居住在北京市区的人们，还是北京市以外的一些人。通过本书，让我们去感受一下北京乡村独特魅力吧。

更为重要的是，本书中所展现的一些具有代表性和典型意义的北京乡村，其在实际上已经成为我国新农村建设及乡村发展的优秀样本。尽管有些因为一些特殊的因素不足以成为模板，但是它们的发展思路和意识已经成为我国乡村建设和发展中非常宝贵的财富，它们成功的理念和经验也是值得全国乡村学习和推广的。

无论我们的国家发展到什么样的水平和阶段，乡村都是我国十分重要的根基，这是由我国的自然条件和历史脉络所决定的。我们都说，乡村是我们每个人心灵的故乡，乡村是我们具有诗意的灵魂栖息地，实际上，它们也是我们的未来。中国的未来能够走多远，发展的程度能够有多高，未来乡村的发展水平将会是最为重要的指标之一。当然，乡村是个复杂的有机生命系统，现代化只是它的要素之一，它自身的自然肌理和文化基因及遗产，都是需要传承下去的。如何保护及利用这些遗产，也将考验着我们。

在人类越来越重视生态环境的今天，城市的发展也要向乡村寻找新的思路和智慧。中国一向讲究“天人合一”“道法自然”，这些思想正是我们的先哲们在乡村的广阔天地中生活与思考后总结出来的。它们或隐或显地存在于乡村的各个角落，或者是某个乡村的整个空间。如今，这些思想已经成为我们城市建设与发展中新的思想内核。

乡村是城市发展的起点，也是城市发展在哲学高度上的归宿。

对乡村自身而言，由于我国很多乡村长期以来生产力水平十分低下，流动人口较少，经济不发达，生态环境因此得到了一定的保护，其环境遭受的破坏程度远比城市要低很多。在现在和未来，这些乡村将会成为我国绿色发展、建设生态社会旗帜下的源泉和新动力。

乡村是你的，乡村是我的，乡村是我们大家的。让我们都热爱乡村，呵护乡村，用科学的思维去引导乡村发展，用纯洁的心灵去拥抱乡村吧。如果你的心灵芜杂不安，就到广阔乡村那“天人合一”“道法自然”的美丽和魅力中去洗涤一下自己的灵魂。

参考文献

北京市旅游局，北京联合大学旅游学院 . 2010. 北京旅游咨询实务 [M]. 北京：中国旅游出版社 .

贺小慧 . 2013, 论乡村价值与中国城镇化道路走向 [J]. 安徽农业大学学报（社会科学版），22（2）：1-4.

卢云亭 . 1999 . 北京周边风光旅游科学指南 [M]. 北京：中国林业出版社 .

王德刚 . 2010 . 乡村生态旅游开发与管理 [M]. 济南：山东大学出版社 .

王昆欣，周国忠，郎富平 . 2008. 乡村旅游与社区可持续发展研究——以浙江省为例 [M]. 北京：清华大学出版社 .

赵鹏 . 2002. 北京导游 [M]. 北京：燕山出版社 .